T0209510

essentials

essentials liefern aktuelles Wissen in konzentrierter Form. Die Essenz dessen, worauf es als „State-of-the-Art" in der gegenwärtigen Fachdiskussion oder in der Praxis ankommt. *essentials* informieren schnell, unkompliziert und verständlich

- als Einführung in ein aktuelles Thema aus Ihrem Fachgebiet
- als Einstieg in ein für Sie noch unbekanntes Themenfeld
- als Einblick, um zum Thema mitreden zu können

Die Bücher in elektronischer und gedruckter Form bringen das Expertenwissen von Springer-Fachautoren kompakt zur Darstellung. Sie sind besonders für die Nutzung als eBook auf Tablet-PCs, eBook-Readern und Smartphones geeignet. *essentials:* Wissensbausteine aus den Wirtschafts-, Sozial- und Geisteswissenschaften, aus Technik und Naturwissenschaften sowie aus Medizin, Psychologie und Gesundheitsberufen. Von renommierten Autoren aller Springer-Verlagsmarken.

Weitere Bände in der Reihe http://www.springer.com/series/13088

Daniel R. A. Schallmo

Jetzt digital transformieren

So gelingt die erfolgreiche
Digitale Transformation Ihres
Geschäftsmodells

2., überarbeitete und erweiterte Auflage

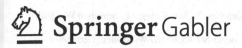 Springer Gabler

Prof. Dr. Daniel R. A. Schallmo
Hochschule Ulm
Ulm, Deutschland

ISSN 2197-6708   ISSN 2197-6716   (electronic)
essentials
ISBN 978-3-658-23408-9   ISBN 978-3-658-23409-6   (eBook)
https://doi.org/10.1007/978-3-658-23409-6

Die Deutsche Nationalbibliothek verzeichnet diese Publikation in der Deutschen Nationalbiblio-grafie; detaillierte bibliografische Daten sind im Internet über http://dnb.d-nb.de abrufbar.

Springer Gabler ist ein Imprint der eingetragenen Gesellschaft Springer Fachmedien Wiesbaden GmbH und ist ein Teil von Springer Nature
Die Anschrift der Gesellschaft ist: Abraham-Lincoln-Str. 46, 65189 Wiesbaden, Germany

Was Sie in diesem *essential* finden können

- Eine kompakte und praxiserprobte Hilfestellung für die Digitale Transformation Ihres Geschäftsmodells
- Wesentliche Grundlagen zur Digitalen Transformation von Geschäftsmodellen
- Ausgewählte Beispiele im Kontext der Digitalen Transformation
- Eine Auswahl an bestehenden Ansätzen zur Digitalen Transformation
- Eine Roadmap zur Digitalen Transformation von Geschäftsmodellen mit Aktivitäten, Instrumenten und Beispielen.

Vorwort zur 2. Auflage

Seit der ersten Auflage dieses *essentials* ist das Interesse zum Thema der Digitalen Transformation von Geschäftsmodellen stetig gestiegen. Die Beispiele, die wir damals aufgezeigt haben, sind nach wie vor gültig und es liegen selbstverständlich weitere Entwicklungen vor. Neben den Beispielen gibt es auch im Bereich der Potenziale leistungsfähigere Technologien, die es ermöglichen, noch stabiler und noch zuverlässiger Leistungen für Kunden anzubieten.

Die erste Auflage des *essentials* wurde überarbeitet und um einen wesentlichen Punkt ergänzt, der sowohl in der Wissenschaft als auch in der Praxis derzeit oft diskutiert wird: die Einordnung der Digitalen Transformation von Geschäftsmodellen in einen Gesamtkontext, bestehend aus der externen Umwelt mit Trends, aus der Digitalen Strategie und aus der Digitalen Implementierung.

Das vorliegende *essential* bietet Praktikern aus den Bereichen Geschäftsleitung, Strategieplanung, Business-Development, Marketing und Vertrieb eine kompakte und praxiserprobte Hilfestellung für die erfolgreiche digitale Transformation ihres Geschäftsmodells.

Wissenschaftlern, Lehrenden und Studierenden aus den Bereichen Innovationsmanagement, Technologiemanagement, strategisches Management und Entrepreneurship bietet das *essential* einen Einblick in die Thematik der Digitalen Transformation von Geschäftsmodellen.

Ulm, September 2018   Daniel R. A. Schallmo

Vorwort

Was haben Fahrzeughersteller wie Rosenbauer, Logistikunternehmen wie DB Schenker, Kompressorenhersteller wie Bauer, Aufzughersteller wie Thyssen-Krupp und Hygieneartikelhersteller wie Hagleitner gemeinsam? Sie alle nutzen die Potenziale der Digitalisierung, um intelligenter und schneller für Kunden Leistungen anzubieten und um die Digitale Transformation ihres Geschäftsmodells aktiv zu gestalten.

Die Digitale Transformation betrifft alle Bereiche der Gesellschaft und insbesondere der Wirtschaft. Dabei eröffnet die Digitale Transformation neue Möglichkeiten der Vernetzung und Kooperation unterschiedlicher Akteure, die z. B. Daten austauschen und somit Prozesse anstoßen. In diesem Zusammenhang spielt die Digitale Transformation von Geschäftsmodellen eine besondere Rolle, da Geschäftsmodelle unterschiedliche Elemente enthalten, die digital transformiert werden können.

Es lässt sich dann von einer Digitalen Transformation sprechen, wenn technologische Potenziale genutzt werden, um Geschäftsmodelle und Wertschöpfungsketten zu verändern bzw. zu vernetzen und somit gestiegene Kundenanforderungen zu erfüllen und Leistungen effizienter bereitzustellen.

Das vorliegende *essential* bietet Praktikern aus den Bereichen Geschäftsleitung, Strategieplanung, Business-Development, Marketing und Vertrieb eine kompakte und praxiserprobte Hilfestellung für die erfolgreiche digitale Transformation ihres Geschäftsmodells, um Potenziale innerhalb ihres Geschäftsmodells bzw. innerhalb ihrer Industrie zu heben.

Wissenschaftlern, Lehrenden und Studierenden aus den Bereichen Innovationsmanagement, Technologiemanagement, strategisches Management und Entrepreneurship bietet das *essential* einen Einblick in die Thematik der Digitalen Transformation von Geschäftsmodellen.

Allen Leserinnen und Lesern sei viel Freude und Erfolg bei der Arbeit im Kontext der Digitalen Transformation von Geschäftsmodellen gewünscht.

Ulm, Deutschland   Daniel Schallmo
im Juli 2016

Inhaltsverzeichnis

Über den Autor

Dr. Daniel R. A. Schallmo ist Ökonom, Unternehmensberater und Autor zahlreicher Publikationen. Er ist Professor an der Hochschule Ulm, leitet das privatwirtschaftliche Institut für Business Model Innovation und ist Mitglied am Institut für Digitale Transformation. Daniel Schallmo ist Gründer und Gesellschafter der Dr. Schallmo & Team GmbH, die auf Beratung und Trainings spezialisiert ist (www.gemvini.de). Er ist ebenso Initiator der Digital Excellence Group, einer Plattform für Beratung, Trainings und Studien zu dem Thema der Digitalen Transformation (www.digital-excellence-group.com).

Seine Arbeits- und Forschungsschwerpunkte sind die Digitale Transformation von Geschäftsmodellen und die Entwicklung und Anwendung einer Methode zur Innovation von Geschäftsmodellen, vorwiegend in Business-to-Business-Märkten.

Daniel Schallmo verfügt über mehrere Jahre Praxiserfahrung, die er in Unternehmen der verarbeitenden Industrie, des Handels, der Medien, der Unternehmensberatung und des Bauwesens gewonnen hat. Mit der Dr. Schallmo & Team GmbH unterstützt er DAX-Unternehmen und mittelständische Unternehmen bei der Beantwortung unterschiedlicher Fragestellungen (siehe www.gemvini.de). Er ist sowohl in der Managementausbildung als auch in Bachelor- und Masterstudiengängen für die Themengebiete Design Thinking, Strategie-, Geschäftsmodell-, Prozess- und Innovationsmanagement sowie Digitale Transformation als Dozent tätig und war Gastprofessor an der Deutschen Universität in Kairo, Ägypten. Seine Methoden, insbesondere die Innovation von Geschäftsmodellen, wurden bereits über 150-mal über 7000 TeilnehmerInnen vorgestellt; dazu zählen auch Konferenzteilnahmen und Vorträge (>70).

Daniel Schallmo ist Herausgeber der Springer-Fachbuchreihe mit dem Schwerpunkt „Business Model Innovation" und des Open Journal of Business Model Innovation (OJBMI). Er ist Autor zahlreicher Publikationen (Bücher und Artikel; insg.>50) und Mitglied in Forschungsgesellschaften (u. a. Academy of Marketing Science, American Marketing Association, European Marketing Academy). Zudem ist er für wissenschaftliche Zeitschriften bzw. Forschungsgesellschaften als Gutachter tätig (z. B. Journal of Strategic Marketing, Business Process Management Journal, European Academy of Management, European Marketing Academy). Er ist Mitglied des wissenschaftlichen Beirats der International Society for Professional Innovation Management (ISPIM) und Mitglied des Herausgeberrats des Journal of Investment and Management (JIM).

Einleitung

1

Im Kontext der Digitalen Transformation von Geschäftsmodellen spielen technologische Potenziale, die eine Digitalisierung ermöglichen, eine wichtige Rolle. Produkte bestanden früher aus mechanischen und elektrischen Komponenten und stellen heute komplexe Systeme dar, die eine Verknüpfung von Hardware, Software und Datenspeichern ermöglichen - Produkte sind folglich intelligenter und vernetzter als in der Vergangenheit (Porter und Heppelmann 2014, S. 36). Neben Produkten werden auch Dienstleistungen, Prozesse und Wertschöpfungsketten digitalisiert, was einerseits neue Geschäftsmodelle erfordert, aber auch ermöglicht (Porter und Heppelmann 2015, S. 58).

Ein Beispiel für intelligentere Produkte ist Linde Material Handling, ein Hersteller von Gabelstaplern. Linde Material Handling rüstet seine Gabelstapler mit Übertragungseinheiten aus und überträgt mittels Bluetooth oder Mobilfunk Daten wie Betriebsstunden und Fehlercodes. Die Auswertung der Daten ermöglicht, es, Ersatzteile ohne Zeitverzug zu bestellen und Reparaturen durchzuführen.

Neben technologischen Potenzialen und der Veränderung von Geschäftsmodellen spielen veränderte Kundenanforderungen eine große Rolle. Kunden fordern heute statt einzelner Produkte „Rundum-sorglos-Pakete" mit passenden Serviceleistungen.

Die Zielsetzung des vorliegenden *essentials* besteht darin, den Begriff der Digitalen Transformation von Geschäftsmodellen zu erläutern. Ferner sollen bestehende Ansätze, die zur Digitalen Transformation vorliegen, aufgezeigt werden. Diese Ansätze dienen zur Entwicklung einer Roadmap, die ein Vorgehen mit fünf Phasen beinhaltet: 1) Digitale Realität, 2) Digitale Ambition, 3) Digitale Potenziale, 4) Digitaler Fit und 5) Digitale Implementierung. Die Phasen werden mit ihrer Zielsetzung, Aktivitäten und Instrumenten beschrieben; ausgewählte Aktivitäten werden anhand eines durchgehenden Beispiels erläutert.

© Springer Fachmedien Wiesbaden GmbH, ein Teil von Springer Nature 2019
D. R. A. Schallmo, *Jetzt digital transformieren*, essentials,
https://doi.org/10.1007/978-3-658-23409-6_1

Überblick über das *essential*
Was das *essential* beinhaltet

- Kurze Einführung in die Grundlagen der Digitalen Transformation
- Praxisbeispiele für die Digitale Transformation von Geschäftsmodellen
- Bestehende Ansätze der digitalen Transformation
- Roadmap für die Digitale Transformation Ihres Geschäftsmodells mit Aktivitäten und Instrumenten

An welche Leserinnen und Leser sich das *essential* richtet

- Praktiker aus den Bereichen Geschäftsleitung, Strategieplanung, Business-Development, Marketing und Vertrieb
- Wissenschaftler, Lehrende und Studierende aus den Bereichen Innovationsmanagement, Technologiemanagement, strategisches Management und Entrepreneurship

Nutzen für die Leserinnen und Leser

- Praktikern bietet das *essential* eine kompakte und praxiserprobte Hilfestellung bei der erfolgreichen Digitalen Transformation ihres Geschäftsmodells, um Potenziale innerhalb ihres Geschäftsmodells bzw. innerhalb ihrer Industrie zu heben.
- Wissenschaftlern, Lehrenden und Studierenden bietet das *essential* einen Einblick in die Thematik der Digitalen Transformation von Geschäftsmodellen.

Digitale Transformation von Geschäftsmodellen

2

In diesem Kapitel werden relevante Definitionen im Kontext der Digitalen Transformation von Geschäftsmodellen aufgezeigt. Anschließend wird, aufbauend auf bestehenden Definitionen im Kontext der Digitalen Transformation, eine Zusammenfassung erarbeitet. Ferner wird der Begriff des Geschäftsmodells erläutert. Im Rahmen der Synthese wird der Begriff dann die Definition zu Digitalen Transformation von Geschäftsmodellen entwickelt.

2.1 Digitale Transformation

Für den Begriff Digitale Transformation liegt derzeit noch keine allgemeingültige Definition vor. Zudem werden die Begriffe Digitalisierung und das Digitale Zeitalter oftmals synonym verwendet (BDI und Roland Berger 2015, S. 4). In Tab. 2.1 sind ausgewählte Definitionen im Kontext der Digitalen Transformation aufgezeigt.

Das BMWi erläutert nicht explizit den Begriff der Digitalen Transformation, zeigt aber die Bedeutung der Digitalisierung auf. Dabei wird die Digitalisierung als Vernetzung aller Bereiche von Wirtschaft und Gesellschaft verstanden. Ferner wird mit der Digitalisierung die Fähigkeit verstanden, relevante Informationen zu sammeln, zu analysieren und in Handlungen umzusetzen, was eine Verknüpfung zu den Themen Big Data und Analytics aufzeigt (BMWi 2015, S. 3).

Bowersox et al. verwenden den Begriff der Digitalen Business Transformation und verstehen darunter das Vorgehen, ein Geschäft neu zu definieren, Prozesse zu digitalisieren und Beziehungen über mehrere Wertschöpfungsstufen hinweg zu erweitern. Sie sehen die Herausforderung für die Geschäftsführung darin, Unternehmen dahin zu führen, das gesamte Potenzial der Informationstechnologie

© Springer Fachmedien Wiesbaden GmbH, ein Teil von Springer Nature 2019
D. R. A. Schallmo, *Jetzt digital transformieren,* essentials,
https://doi.org/10.1007/978-3-658-23409-6_2

Tab. 2.1 Ausgewählte Definitionen im Kontext der Digitalen Transformation

Quelle	Definition
BMWi 2015, S. 3	„Die Digitalisierung steht für die umfassende Vernetzung aller Bereiche von Wirtschaft und Gesellschaft sowie die Fähigkeit, relevante Informationen zu sammeln, zu analysieren und in Handlungen umzusetzen. Die Veränderungen bringen Vorteile und Chancen, aber sie schaffen auch ganz neue Herausforderungen."
Bowersox et al. 2005, S. 22 f.	Digital Business Transformation is a „process of reinventing a business to digitize operations and formulate extended supply chain relationships. The DBT [Digital Business Transformation] leadership challenge is about reenergizing businesses that may already be successful to capture the full potential of information technology across the total supply chain."
Capgemini 2011, S. 5	„Digital transformation (DT) – the use of technology to radically improve performance or reach of enterprises – is becoming a hot topic for companies across the globe. Executives in all industries are using digital advances such as analytics, mobility, social media and smart embedded devices – and improving their use of traditional technologies such as ERP – to change customer relationships, internal processes, and value propositions."
Mazzone 2014, S. 8	„Digital Transformation is the deliberate and ongoing digital evolution of a company, business model, idea process, or methodology, both strategically and tactically."
PwC 2013, S. 9	Die digitale Transformation beschreibt den „grundlegenden Wandel der gesamten Unternehmenswelt durch die Etablierung neuer Technologien auf Basis des Internets mit fundamentalen Auswirkungen auf die gesamte Gesellschaft."
Boueé und Schaible 2015, S. 6	„Digitale Transformation verstehen wir als durchgängige Vernetzung aller Wirtschaftsbereiche und als Anpassung der Akteure an die neuen Gegebenheiten der digitalen Ökonomie. Entscheidungen in vernetzten Systemen umfassen Datenaustausch und -analyse, Berechnung und Bewertung von Optionen sowie Initiierung von Handlungen und Einleitung von Konsequenzen."

entlang der gesamten Wertschöpfungskette zu heben (Bowersox et al. 2005, S. 22 f.). Es zeigt sich, dass mehrere Dimensionen der Digitalen Transformation relevant sind.

Capgemini versteht unter der Digital Transformation den Einsatz von Technik, um die Leistung oder die Reichweite von Unternehmen zu erhöhen. Der Einsatz neuer Technologien dient dazu, die Dimensionen zu adressieren: Betriebsprozesse, Kundenerlebnisse und Geschäftsmodelle (Capgemini 2011).

Mazzone (2014, S. 8) definiert die Digital Transformation als die bewusste und fortlaufende digitale Evolution eines Unternehmens, eines Geschäftsmodells, einer Idee, eines Prozesses oder einer Methode, was sowohl strategisch, als auch taktisch erfolgen kann. Diese Definition zeigt auf, dass sich die Digitale Transformation ebenso auf unterschiedliche Dimensionen beziehen kann.

PwC (2013, S. 9) definiert die digitale Transformation als den Wandel der Unternehmenswelt durch die Etablierung neuer Technologien auf Basis des Internets mit Auswirkungen auf die gesamte Gesellschaft. Es zeugt sich, dass der Einsatz neuer Technologien im Vordergrund steht.

Boueé und Schaible (2015, S. 6) verstehen unter der Digitalen Transformation die Vernetzung aller Wirtschaftsbereiche und die Anpassung der Akteure an neue Gegebenheiten der digitalen Ökonomie. Dabei setzen sie Entscheidungen in vernetzten Systemen voraus, die den Datenaustausch und die Datenanalyse, die Berechnung und Bewertung von Optionen sowie Initiierung von Handlungen und Einleitung von Konsequenzen beinhalten.

▶ **Digitale Transformation** Im Rahmen der Digitalen Transformation sind die Vernetzung von Akteuren, wie z. B. Unternehmen und Kunden, über alle Wertschöpfungsstufen hinweg (BMWi 2015, S. 3; Bowersox et al. 2005, S. 22 f. und Boueé und Schaible 2015, S. 6), und unter Einsatz neuer Technologien (PwC 2013, S. 9 und Capgemini 2011, S. 5) wesentliche Bestandteile. Darauf aufbauend erfordert die Digitale Transformation Fähigkeiten, die die Gewinnung und den Austausch von Daten sowie deren Analyse und Umwandlung in Informationen beinhalten. Diese Informationen sollen genutzt werden, um Optionen zu berechnen und zu bewerten, um somit Entscheidungen zu ermöglichen, bzw. Aktivitäten zu initiieren (BMWi 2015, S. 3 und Boueé und Schaible 2015, S. 6). Die Digitale Transformation kann dabei für Unternehmen, Geschäftsmodelle, Prozesse, Beziehungen, Produkte etc. erfolgen (Bowersox et al. 2005, S. 22 f. und Mazzone 2014, S. 8), um die Leistung und Reichweite eines Unternehmens zu erhöhen (Capgemini 2011, S. 5).

2.2   Geschäftsmodell

Um die Grundlage für das vorliegende *essential* zu legen, wird nun ergänzend der Begriff Geschäftsmodell erläutert.

▶ **Definition 1: Geschäftsmodell (Schallmo 2013, S. 22 f.)** Ein Geschäftsmodell ist die Grundlogik eines Unternehmens, die beschreibt, welcher
  Nutzen auf welche Weise für Kunden und Partner gestiftet wird. Ein
  Geschäftsmodell beantwortet die Frage, wie der gestiftete Nutzen in
  Form von Umsätzen an das Unternehmen zurückfließt. Der gestiftete
  Nutzen ermöglicht eine Differenzierung gegenüber Wettbewerbern,
  die Festigung von Kundenbeziehungen und die Erzielung eines Wett-
  bewerbsvorteils. Ein Geschäftsmodell beinhaltet folgende Dimensionen und Elemente:

- Die *Kundendimension* beinhaltet die Kundensegmente, die
  Kundenkanäle und die Kundenbeziehungen.
- Die *Nutzendimension* beinhaltet die Leistungen und den Nutzen.
- Die *Wertschöpfungsdimension* beinhaltet die Ressourcen, die Fähig-
  keiten und die Prozesse.
- Die *Partnerdimension* beinhaltet die Partner, die Partnerkanäle und
  die Partnerbeziehungen.
- Die *Finanzdimension* beinhaltet die Umsätze und die Kosten.

Die Zielsetzung ist, die Geschäftsmodell -Elemente so miteinander zu
kombinieren, dass sich die Geschäftsmodell-Elemente gegenseitig
verstärken. Somit ist es möglich, Wachstum zu erzielen und gegenüber Wettbewerbern schwer imitierbar zu sein.

Es zeigt sich, dass ein Geschäftsmodell die Elemente beinhaltet, die digital transformiert werden können und in den o. g. Definitionen enthalten sind (z. B. Produkte, Prozesse, Beziehungen).

2.3   Digitale Transformation von Geschäftsmodellen

Ausgehend von den oben aufgeführten Ausführungen und der Definition zur Geschäftsmodell-Innovation (Schallmo 2013, S. 29), definieren wir die Digitale Transformation von Geschäftsmodellen wie folgt:

▶   **Definition 2: Digitale Transformation von Geschäftsmodellen** Die Digitale Transformation von Geschäftsmodellen betrifft einzelne Geschäftsmodell -Elemente, das gesamte Geschäftsmodell, Wertschöpfungsketten sowie unterschiedliche Akteure in einem Wertschöpfungsnetzwerk.

Der Grad der Digitalen Transformation betrifft sowohl die inkrementelle (geringfügige) als auch die radikale (fundamentale) Veränderung eines Geschäftsmodells. Die Bezugseinheit im Hinblick auf den Neuigkeitsgrad ist primär der Kunde; sie kann allerdings auch das eigene Unternehmen, die Partner, die Industrie und Wettbewerber betreffen.

Innerhalb der Digitalen Transformation von Geschäftsmodellen werden Enabler bzw. Technologien eingesetzt (z. B. Big Data), die neue Anwendungen bzw. Leistungen (z. B. Bedarfsvorhersagen) erzeugen. Diese Enabler erfordern Fähigkeiten, die die Gewinnung und den Austausch von Daten sowie deren Analyse und Nutzung

---

Zieldimensionen: *WELCHE Zieldimensionen die Transformation betrifft:*
- Zeit: z.B. schnellere Bereitstellung von Leistungen, schnellere Produktion
- Finanzen: z.B. Kosteneinsparungen, Umsatzsteigerungen
- Raum: z.B. Vernetzung, Automatisierung
- Qualität: z.B. Produktqualität, Beziehungsqualität, Prozessqualität.

Vorgehen: *WIE die Transformation erfolgt:*
- Abfolge von Aufgaben und Entscheidungen, die in logischem und zeitlichem Zusammenhang zueinander stehen.
- Einsatz von Technologien/Enablern, um neue Anwendungen/Leistungen zu erzeugen.
- Gewinnung und Austausch von Daten sowie deren Analyse und Nutzung zur Berechnung von Optionen.

Transformationsgrad: *WIE intensiv transformiert wird:*
- inkrementell (geringfügig)
- radikal (fundamental).

Bezugseinheit: *Für WEN die Transformation neu ist:*
- Kunden
- Eigenes Unternehmen
- Partner
- Industrie
- Wettbewerber.

Objekte: *WAS transformiert wird:*
- Einzelne Geschäftsmodell-Elemente (z.B. Prozesse, Kundenbeziehungen, Produkte)
- Gesamte Geschäftsmodelle
- Wertschöpfungsketten
- Wertschöpfungsnetzwerke.

Abb. 2.1 Definition Digitale Transformation

zur Berechnung und Bewertung von Optionen ermöglichen. Die bewerteten Optionen dienen dazu, neue Prozesse innerhalb des Geschäftsmodells zu initiieren.

Die Digitale Transformation von Geschäftsmodellen erfolgt anhand eines Vorgehens mit einer Abfolge von Aufgaben und Entscheidungen, die in logischem und zeitlichem Zusammenhang zueinander stehen. Sie betrifft vier Zieldimensionen: Zeit, Finanzen, Raum und Qualität.

In Abb. 2.1 sind die Bestandteile der Definition des Begriffs Digitale Transformation von Geschäftsmodellen aufgezeigt.

2.4   Einordnung in den Gesamtkontext der Digitalisierung

Die Digitale Transformation von Geschäftsmodellen behandelt einen wesentlichen Baustein im Kontext der Digitalisierung. In diesem Zusammenhang ist es sinnvoll, eine Einordnung in den Gesamtkontext vorzunehmen.

Wir betrachten dabei folgende vier wesentliche Aspekte: Digitales Umfeld, Digitale Strategie, Digitale Transformation von Geschäftsmodellen, Digitale Implementierung, deren Zusammenhang in Abb. 2.2 dargestellt ist.

Drei der vier Aspekte sind nachfolgend kurz erläutert:

Digitales Umfeld
Das Digitale Umfeld orientiert sich an der Makro- und Mikro-Umwelt von Unternehmen. Die Makro-Umwelt beinhaltet folgende Dimensionen: politisch, wirtschaftlich, sozio-kulturell, technologisch, ökologisch und rechtlich. Die Mikro-Umwelt beinhaltet folgende Dimensionen: potenzielle Neueintritte, Rivalität unter Wettbewerbern, Substitutionsprodukte und -dienstleistungen, Verhandlungsmacht von Abnehmern und Verhandlungsmacht von Lieferanten (in Anlehnung an Schallmo 2019, S 34).

Selbstverständlich spielt das allgemeine Umfeld von Unternehmen im Rahmen der strategischen Analyse und im Rahmen der Geschäftsmodell-Innovation eine Rolle. Das Digitale Umfeld betrachtet allerdings die allgemeinen Einflussfaktoren der jeweiligen Dimensionen aus dem Blickwinkel der Digitalisierung.

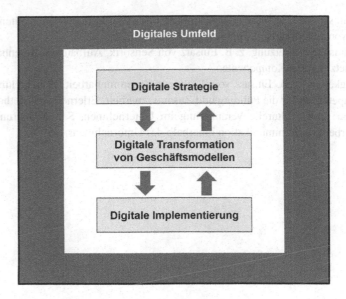

Abb. 2.2   Einordnung in den Kontext der Digitalisierung

Digitale Strategie
Die Digitale Strategie ist die strategische Form von Digitalisierungsintentionen eines Unternehmens. Kurz- und mittelfristige Ziele dienen dazu, neue Wettbewerbsvorteile aufzubauen, bzw., bestehende Wettbewerbsvorteile abzusichern.

Innerhalb der Digitalen Strategie werden Technologien und Methoden in Produkten, Dienstleistungen, Prozesse und Geschäftsmodelle eingesetzt.

Um eine Digitale Strategie zu entwickeln, werden das Unternehmen und sein Umfeld, als Ausgangsbasis für unterschiedliche zukünftige Szenarien, analysiert.

Die Digitale Strategie besteht aus einer Vision, Mission, strategischen Zielen, strategischen Erfolgsfaktoren, Werten und Maßnahmen (in Anlehnung an: Schalllmo und Williams 2018).

Digitale Implementierung
Die Digitale Implementierung setzt die Digitale Strategie um und unterstützt die Digitale Transformation eines Geschäftsmodells/mehrerer Geschäftsmodelle von Unternehmen. Im Rahmen der Digitalen Implementierung sind die folgenden Bereiche relevant:

- Organisation: z. B. Festlegung von Strukturen und Verantwortlichkeiten, Aufbau von Abteilungen, Definition von Prozessen.
- Technische Umsetzung: z. B. Einsatz von Sensorik, Aufbau von Datenbanken, Vernetzung von Komponenten.
- Fähigkeiten: z. B. Einsatz von Tools zur Zusammenarbeit, Entwicklung von Kompetenzen für die Führung und Zusammenarbeit, Erlernen von Methoden.
- Kultur: z. B. kulturelle Verankerung im Unternehmen, Sensibilisierung von Mitarbeitern, Kommunikation innerhalb des Unternehmens.

Ausgewählte Beispiele im Kontext der Digitalen Transformation von Geschäftsmodellen

3

In diesem Kapitel werden drei Beispiele für erfolgreich digital transformierte Geschäftsmodelle erläutert. Hierbei werden jeweils die Ausgangssituation, die Problemstellung, die Zielsetzung und der Lösungsansatz aufgezeigt.

3.1 Hagleitner senseManagement

Hagleitner ist ein österreichischer Hersteller für Hygieneartikel. Neben flüssigen Reinigungs- und Desinfektionsmitteln werden auch Papiertücher und passende Spender für die flüssigen Mittel und Papiertücher hergestellt. Ferner werden den Kunden Hygieneschulungen angeboten.

Die wichtigsten Kunden kommen aus dem Gesundheitswesen, der Gastronomie und der Lebensmittelindustrie, da in diesen Branchen ein sehr hoher Hygienestandard vorgeschrieben ist (Hagleitner 2016a).

In Abb. 3.1 sind ausgewählte Produkte von Hagleitner dargestellt.

Ausgangssituation und Problemstellung
Bislang hat Hagleitner Kunden darin unterstützt, Hygieneanforderungen zu erfüllen, indem Spender (insb. berührungslose Spender) und dazugehörige Inhalte an Kunden verkauft und geliefert wurden. Die Inhalte (z. B. Flüssigseife und Papierhandtücher) sind dabei so konzipiert, dass sie eine einfache und schnelle Befüllung ermöglichen.

Steigende Hygieneanforderungen seitens der Kunden, eine fehlende Transparenz, welche Spender wann befüllt werden müssen, eine ungeeignete Personalplanung, die hohe Personalkosten verursacht und eine großzügige Bedarfsplanung, die hohe Lagerbestände bei Kunden verursacht, haben Hagleitner dazu veranlasst, ein neues System zu entwickeln: Hagleitner senseManagement (Hagleitner 2016b).

© Springer Fachmedien Wiesbaden GmbH, ein Teil von Springer Nature 2019
D. R. A. Schallmo, *Jetzt digital transformieren*, essentials,
https://doi.org/10.1007/978-3-658-23409-6_3

Abb. 3.1 Ausgewählte Produkte von Hagleitner (2016a)

Zielsetzung und Lösungsansatz

Die Zielsetzung von Hagleitner senseManagement besteht darin, für Kunden einen Nutzen zu stiften, indem mittels Sensoren der Waschraum überwacht wird, was eine Kosten- und Zeitersparnis im Hinblick auf die Befüllung von Hygieneartikeln ermöglicht. Zusätzlich wird die Kunden- bzw. Nutzerzufriedenheit erhöht, indem notwendige Hygieneartikeln immer verfügbar sind.

Das System besteht aus Spendern (Seifenspender, Desinfektionsmittelspender, Papiertuchspender und Duftspender) mit integrierten Sensoren, die die Messung des aktuellen Füllzustands ermöglichen und die Daten an eine Basisstation senden. Diese Basisstation sendet die Daten an einen Hagleitner-Server, der den Kunden (z. B. Reinigungspersonal) diese Daten mittels internetfähiger Geräte zur Verfügung stellt.

Der Nutzen für Kunden besteht darin, dass eine Transparenz zu Verbräuchen und Kosten vorliegt, was die Berechnung einer genauen Material- und Personalplanung ermöglicht. Der Nutzen für Hagleitner besteht darin, dass die eigene Produktionsplanung und die Lagerbestände optimiert werden können, was eine Kostensenkung ermöglicht (Hagleitner 2016b).

In Abb. 3.2 ist das Konzept Hagleitner senseManagement dargestellt.

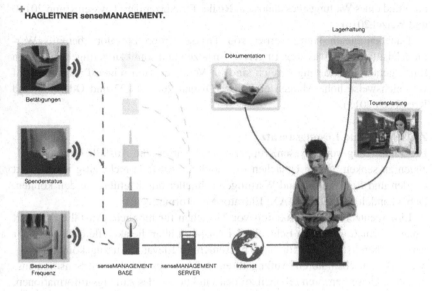

Abb. 3.2 Hagleitner senseManagement (Hagleitner 2016b)

3.2   ThyssenKrupp Elevator MAX

ThyssenKrupp ist ein deutscher Industriekonzern mit unterschiedlichen Spar-
ten. Die Sparte Elevator Technology stellt Personen- und Lastenaufzüge sowie
Rolltreppen für Bürogebäude, Wohngebäude, Hotels, Flughäfen und Einkaufs-
zentren etc. her. Neben dem Verkauf und der Installation von Aufzügen und Rolltreppen werden auch Wartungen, Reparaturen und Modernisierungen angeboten
(ThyssenKrupp 2016a).

Ausgangssituation und Problemstellung
Das bisherige Geschäftsmodell von ThyssenKrupp bestand darin, Aufzüge herzu-
stellen, diese zu installieren und bei Bedarf die Wartung durchzuführen. Eine zuneh-
mende Anzahl hoher Gebäude in Großstädten führt zu einer steigenden Nachfrage
nach leistungsfähigen Aufzügen. Ferner fordern Kunden und Nutzer eine höhere
Zuverlässigkeit von Aufzügen. Zudem stellen viele bereits installierte Aufzüge

aufgrund eines Wartungsrückstands ein Risiko für Nutzer dar (ThyssenKrupp 2016b und Wetzel 2016).

Daneben bieten Wettbewerber von ThyssenKrupp Elevator ebenfalls Wartungsleistungen an, was zu geringeren Umsätzen und somit zu geringeren Margen führt; gerade im Wartungsbereich sind im Vergleich zum reinen Produktverkauf vergleichsweise hohe Margen erzielbar (Dispan 2007, S. 22 und Odermatt und Kressbach 2011).

Zielsetzung und Lösungsansatz

Die Zielsetzung von ThyssenKrupp Elevator war es, die Ausfalldauer von Aufzügen zu senken, indem Ursachen für mögliche Ausfälle rechtzeitig identifiziert werden und Reparaturen und Wartungen schneller durchgeführt werden können. Dabei handelt es sich um MAX, Elevator Monitoring System.

Eine rechtzeitige Identifikation von Ursachen für mögliche Ausfälle erfordert einen Informationsfluss in Echtzeit, der Auskunft über die aktuellen Zustände der Aufzüge bereitstellt. Hierfür hat ThyssenKrupp Elevator Auszugskomponenten, wie z. B. Antriebsmotoren, Aufzugstüren und Aufzugsschächte mit Sensoren ausgestattet. Diese Sensoren erheben zu den Funktionen des Aufzugs Informationen, wie z. B. die Kabinengeschwindigkeit und die Temperatur des Antriebsmotors. Die gewonnen Informationen werden durch Predictive Analytics ausgewertet und den Mitarbeitern, die für Wartung und Technik verantwortlich sind zur Verfügung gestellt. Hierbei werden einerseits Warnmeldungen und andererseits Empfehlungen für die auszuführende Wartung übermittelt.

Somit kann ThyssenKrupp Elevators die Wartungsarbeit proaktiv und vorausschauend durchführen und die Ausfallzeiten von Aufzügen reduzieren. Ferner kann bei ThyssenKrupp Elevators die Kosten-, Ressourcen- und Wartungsplanung verbessert werden (CGI 2016).

In Abb. 3.3 ist das Konzept MAX von ThyssenKrupp Elevator dargestellt.

Abb. 3.3 MAX von ThyssenKrupp Elevator (ThyssenKrupp 2016c)

3.3   Dynasens für die ambulante Pflege

Dynasens steht für Dynamische sensorgestützte Personaleinsatz- und Touren-
planung in der ambulanten Pflege und ist ein Forschungsprojekt, das technische
Lösungen zur Verminderung physischer und psychischer Belastungen ambulanter
Pflegekräfte behandelt (Dynasens 2016).

Ausgangssituation und Problemstellung
In der ambulanten Pflege sind die eingesetzten Pflegekräfte zunehmend von physischen und psychischen Beschwerden betroffen. Physische Beschwerden resul-
tieren aufgrund der hohen körperlichen Belastungen und äußern sich meist in der
Einschränkung der Funktionsfähigkeit des Körpers durch Schädigung und Beein-
trächtigung des Skeletts, der Gelenke und der Muskeln. Psychische Beschwerden
äußern sich z. B. durch eine geringe Arbeitszufriedenheit und durch eine chroni-
sche Erschöpfung. Die Ursachen liegen z. B. in einem hohen Termindruck und in
fehlenden Gestaltungsmöglichkeiten.

Zielsetzung und Lösungsansatz
Die Zielsetzung des Projekts besteht darin, eine physische Entlastung von ambulanten Pflegekräften durch individuelle Maßnahmen im Bereich der Arbeitsergo-
nomie zu ermöglichen. Zusätzlich soll der Dokumentationsaufwand verringert
werden und die psychische Entlastung durch die Verringerung des Zeitdrucks und
die Erhöhung des Handlungsspielraums sichergestellt werden.

Der entwickelte Ansatz unterteilt sich in drei Bereiche: Sensorshirt zur Erfassung von Bewegungen und Haltungen, automatisierte Dokumentation und dynamische Personaleinsatz- und Tourenplanung.

Das Sensorshirt zur Erfassung von Bewegungen und Haltungen dient der
physischen Entlastung. Hierbei wurden Sensoren entwickelt, die in die Arbeits-
kleidung integriert sind, um Körperhaltungen und Bewegungen ambulanter Pflegekräfte zu erfassen und Belastungsprofile abzuleiten. Die Belastungsprofile
ermöglichen somit die Identifikation von Fehlbelastungen und können zur Entwicklung von Schulungsprogrammen genutzt werden, um z. B. krankheitsbe-
dingte Fehlzeiten zu reduzieren. Mithilfe der Belastungsprofile können auch
Ideen zur Umgestaltung der Arbeitsplätze gewonnen werden.

Mittels der Sensordaten wird eine automatisierte Dokumentation der Pflegeleistungen ermöglicht. Dabei werden aus den Bewegungsmustern mögliche
pflegerische Tätigkeiten abgeleitet und mit den festgelegten Pflegeleistungen

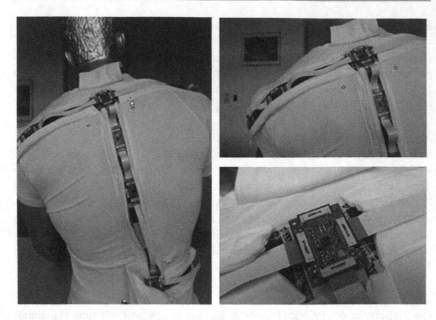

Abb. 3.4 Sensorshirt von Dynasens (Starringer 2016)

abgeglichen. Die erhobenen Daten können direkt über mobile Endgeräte abgerufen und von den Pflegekräften freigegeben werden, um sie anschließend in die Pflegesoftware des Pflegedienstes zu übertragen. Somit können die erbrachten Leistungen zeitsparend und vollständig erfasst werden.

Die dynamische Personaleinsatz- und Tourenplanung erfolgt mittels einer Software, die es ermöglicht, auf kurzfristige und ungeplante Ereignisse (z. B. Personalausfall oder Verzögerungen bei Patienten) zu reagieren. Ferner erfolgt ein Abgleich zwischen den Belastungs- und Qualifikationsprofilen der Mitarbeiter und den Anforderungsprofilen der Patienten. Somit wird sichergestellt, dass Pflegebedürftige von geeigneten Pflegekräften betreut werden (Dynasens 2016).

In Abb. 3.4 ist das Sensorshirt von Dynasens dargestellt.

Bestehende Ansätze

4

Im Kontext der Innovation von Geschäftsmodellen liegen zahlreiche Ansätze vor, die bereits in Publikationen analysiert und zu zusammenfassenden Vorgehensmodellen konsolidiert wurden (siehe hierzu: Bucherer 2010, S. 63 ff.; Schallmo 2013, S. 47 ff.; Schallmo 2015a, S. 5 ff.; Schallmo 2015b, S. 131 ff. und Wirtz und Thomas 2014, S. 37 ff.).

Bei der Innovation von Geschäftsmodellen, werden einzelne Geschäftsmodell-Elemente (z. B. Kundensegmente, Leistungen) bzw. das gesamte Geschäftsmodell (Schallmo 2014, S. 13) allgemein verändert. Die Digitale Transformation von Geschäftsmodellen zielt darauf ab, Enabler innerhalb des Geschäftsmodells einzusetzen, um digitale Potenziale zu heben und ein digitales Wertschöpfungsnetzwerk sowie digitale Kundenerfahrungen zu gestalten. Ferner baut die Digitale Transformation von Geschäftsmodellen auf bestehenden Geschäftsmodellen auf, indem bestehende Geschäftsmodell-Elemente verändert, oder neu geschaffen werden.

Nachfolgend werden drei bestehende Ansätze zur Digitalen Transformation skizziert, die als Basis für die Roadmap dienen. Daneben liegen weitere Veröffentlichungen vor, die z. B. der Konzeption und Modellierung digitaler Geschäftsmodelle dienen (Cole 2015 und Hoffmeister 2015, S. 46 f.), oder ein Reifegradmodell beinhalten (Azhari et al. 2014, S. 38 ff.), auf die an dieser Stelle nicht näher eingegangen wird, da die Entwicklung einer Roadmap im Fokus liegt. Bei Bedarf werden diese Ansätze ebenfalls in die Roadmap integriert.

© Springer Fachmedien Wiesbaden GmbH, ein Teil von Springer Nature 2019
D. R. A. Schallmo, *Jetzt digital transformieren*, essentials,
https://doi.org/10.1007/978-3-658-23409-6_4

4.1   Ansatz von Esser

Esser (2014) definiert fünf Phasen, die der Entwicklung einer Digital Transformation Strategie und deren Umsetzung dienen. Die Phasen sind in Abb. 4.1
dargestellt.
Die Phasen des Ansatzes sind nachfolgend kurz beschrieben (vgl. Esser 2014).

Analyse
Die Analyse beinhaltet folgende vier Bereiche: Kunden, Wettbewerber, Markt
und Unternehmensfähigkeiten. Kunden werden dabei mit ihren Bedürfnissen und
ihrem Wert analysiert und segmentiert. Die Wettbewerber werden anhand ihrer
aktuellen Leistung und anhand ihrer Positionierung beschreiben. Ferner werden
neue Marktteilnehmer betrachtet. Der Markt wird anhand seiner Größe, seines
Potenzials, seiner Grenzen und zukünftigen Entwicklungen analysiert. Abschließend werden vorhandene Unternehmensfähigkeiten erhoben.

Strategie
Die zweite Phase beinhaltet die Definition der Marktpositionierung, wie sich also
das Unternehmen differenzieren möchte, und die Auswahl der Zielgruppe, wer als
Kunde bedient werden soll.

Design
Das Design orientiert sich an drei Bereichen: Customer Experience Vision,
Value Proposition und Identifikation von Opportunitäten. Die Customer Expe-
rience Vision beinhaltet die Aussage, was das Unternehmen erreichen möchte.
Die Value Proposition beantwortet die Frage, wie und mit welchen Services
Kunden begeistert werden sollen. Abschließend beinhaltet die Identifikation von
Opportunitäten die Bewertung aktueller und neuer Design Ideen.

Organisatorischer Impact
Der organisatorische Impact bezieht sich auf Menschen, die Struktur und die Kultur innerhalb des Unternehmens. Ferner werden Prozesse und Systeme beleuchtet
und abschließend die Governance und das Controlling definiert.

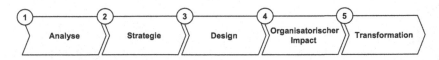

Abb. 4.1   Ansatz von Esser 2014

Transformation
Die Transformation definiert die Roadmap und das Programm Management. Zusätzlich werden die interne Kommunikation sowie das Change Management geplant und das Branding sowie die externe Kommunikation definiert.

Es zeigt sich, dass die definierten Phasen sehr allgemein gehalten sind und daher der Bezug zur Digitalen Transformation gering ist. Dennoch bietet der Ansatz von Esser einige Ideen, welche Phasen mit welchen Inhalten allgemein berücksichtigt werden sollten.

4.2 Ansatz von PricewaterhouseCoopers

PricewaterhouseCoopers (PwC) definiert in einem Framework sechs Phasen für die digitale Transformation (2013, S. 40). Die Phasen sind in Abb. 4.2 dargestellt.

Die Phasen des Ansatzes sind nachfolgend kurz beschrieben (vgl. PwC 2013, S. 40).

Strategize
Im Rahmen der ersten Phase sollen die Auswirkungen der digitalen Dynamik verstanden werden. Hierbei wird die aktuelle Position des Unternehmens bestimmt und das Geschäftsmodell entworfen. Ferner erfolgen eine Sicherheitsbewertung, die Wertschöpfungsanalyse sowie die Betrachtung rechtlicher und steuerlicher Fragen. Zusätzlich werden die Unternehmenskultur und das Humankapital analysiert.

Design
Die zweite Phase beinhaltet das Design der Transformationsroadmap. Hierfür werden das Kollaborationsmodell, das Wertschöpfungsnetz und das Operating Model festgelegt. Zusätzlich werden die Zielarchitektur, der Transformationsplan und das Zielmodell der Unternehmenskultur bestimmt. Zuletzt erfolgt die Modellierung von steuerlichen und rechtlichen Aspekten.

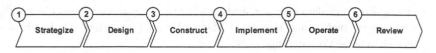

Abb. 4.2 Ansatz von PwC 2013

Construct
In der dritten Phase erfolgt die Entwicklung einer digitalen Geschäftsplattform. Hierfür werden die Governance eingeführt und eine Plattform bzw. Applikation entwickelt. Darauf aufbauend werden das Operating Model und Business/IT-Services angepasst. Ferner werden die Digitale Sicherheit und das Skill Management definiert.

Implement
Die zuvor entwickelte Geschäftsplattform wird eingeführt. Hierfür erfolgen die technische Qualitätssicherung, das Rollout und das Training der Mitarbeiter.

Operate
In dieser Phase werden neue Geschäftsmodelle betrieben. Hierbei spielen die Governance, das Plattform- und Applikationsmanagement sowie das Reporting eine Rolle.

Review
In der letzten Phase erfolgen das Performance Monitoring und die Optimierung. Hierfür werden Service-Level-Anpassungen vorgenommen und die operationale Optimierung sowie die Optimierung des Geschäftsmodells durchgeführt.
   Die vorgestellten Phasen betrachten unterschiedliche Aspekte der Digitalen Transformation, die in dem Beitrag von PwC umfangreich dargestellt sind.

4.3   Ansatz von Bouée und Schaible

Bouée und Schaible beschreiben einen Masterplan Digitale Transformation, der fit für die Digitale Zukunft machen soll. (2015, S. 34). Die Phasen sind in Abb. 4.3 dargestellt.

Analyse des Einflusses digitaler Technologien auf die Industrie
Im Rahmen dieser Phase werden unterschiedliche Zukunftsszenarien abgeleitet und mögliche Veränderungen der Wertschöpfungskette analysiert. Ferner werden Technologien erhoben und betroffene Marktteilnehmer analysiert. Als Ergebnis liegen eintretende Veränderungen vor.

Abb. 4.3 Ansatz von Bouée und Schaible 2015

Abgleich mit aktueller Position des eigenen Unternehmens
Die zweite Phase beinhaltet die Analyse von Chancen und Risiken für das bestehende Geschäft. Ferner werden Produkte, Kunden und Regionen analysiert, die betroffen sind. Zusätzlich werden z. B. digitale Fähigkeiten, wie Personal oder Partnerschaften erhoben und die Verankerung der digitalen Geschäftsstrategie festgelegt. Als Ergebnis sind Umsetzungs- und Kompetenzlücken bestimmt.

Entwicklung einer Umsetzungslandkarte
In der letzten Phase werden relevante Optionen für die Zukunftsszenarien festgelegt. Es wird z. B. auch festgelegt, welche Fähigkeiten aufgebaut werden müssen und mit welchen Marktteilnehmern kooperiert wird.

Die vorgestellten Phasen betrachten unterschiedliche Aspekte der Digitalen Transformation und zeigen detaillierte Analysen auf.

Roadmap für die Digitale Transformation von Geschäftsmodellen

5

Auf Basis der vorgestellten Ansätze zur Digitalen Transformation und auf Basis bestehender Ansätze zur Innovation von Geschäftsmodellen (siehe hierzu: Bucherer 2010, S. 63 ff.; Rusnjak 2014, S. 109 ff.; Schallmo 2013, S. 47 ff.; Schallmo 2014, S. 52 ff.; Schallmo 2015, S. 5 ff. und Wirtz und Thomas 2014, S. 37 ff.) erfolgt nun die Erarbeitung einer Roadmap, die nachfolgend dargestellt wird.

5.1 Überblick zur Roadmap für die Digitale Transformation von Geschäftsmodellen

Die Roadmap besteht aus fünf Phasen, die nachfolgend kurz erläutert sind.

Digitale Realität
In dieser Phase erfolgt das Skizzieren des bestehenden Geschäftsmodells eines Unternehmens, die Analyse der Wertschöpfungskette mit dazugehörigen Akteuren und das Erheben von Kundenanforderungen. Somit liegt ein Verständnis zur Digitalen Realität in unterschiedlichen Bereichen vor.

Digitale Ambition
Auf Basis der Digitalen Realität werden die Ziele im Hinblick auf die Digitale Transformation festgelegt. Diese Ziele beziehen sich auf die Zeit, die Finanzen, den Raum und die Qualität. Die Digitale Ambition sagt aus, welche Ziele für das Geschäftsmodell und dessen Elemente gelten. Anschließend werden die Ziele und Geschäftsmodell-Dimensionen priorisiert.

© Springer Fachmedien Wiesbaden GmbH, ein Teil von Springer Nature 2019   23
D. R. A. Schallmo, *Jetzt digital transformieren*, essentials,
https://doi.org/10.1007/978-3-658-23409-6_5

Digitale Potenziale
Innerhalb dieser Phase werden Best Practices und Enabler für die Digitale Transformation erhoben, die als Ausgangspunkt für das Design des zukünftigen digitalen Geschäftsmodells dienen. Hierfür werden je Geschäftsmodell -Element unterschiedliche Optionen abgeleitet und logisch miteinander kombiniert.

Digitaler Fit
Die Optionen für die Ausgestaltung des digitalen Geschäftsmodells werden bewertet. Hierbei spielen der Fit mit dem bestehenden Geschäftsmodell, die Erfüllung von Kundenanforderungen und das Erreichen von Zielen eine Rolle. Die bewerteten Kombinationen können somit priorisiert werden.

Digitale Implementierung
Im Rahmen der Digitalen Implementierung erfolgen das Finalisieren und das Implementieren des digitalen Geschäftsmodells, also der Kombination an Optionen, die weiter verfolgt werden sollen. Die Digitale Implementierung enthält ebenso das Gestalten der digitalen Kundenerfahrung und des digitalen Wertschöpfungsnetzwerks mit der Integration der Partner. Ferner werden Ressourcen und Fähigkeiten berücksichtigt, die zur Digitalen Implementierung notwendig sind.
Die Abb. 5.1 stellt die Roadmap zur digitalen Transformation von Geschäftsmodellen mit den Phasen und Aktivitäten dar. Die vorgestellten Phasen werden im Folgenden jeweils mit Ihrer Zielsetzung und den Fragen erläutert. Anschließend werden die Aktivitäten jeweils mit den Instrumenten aufgezeigt. Ausgewählte Aktivitäten werden anhand eines Beispiels erläutert, das nachfolgend kurz beschrieben ist.

General Electric mit Pivotal (GE 2016a; Pivotal 2016)
GE verfügt über insgesamt neun Geschäftsbereiche und sieht sich als führendes digitales Industrieunternehmen. GE möchte die Industrie durch softwarebasierte Technologien und Lösungen vernetzen, die schnell und vorausschauend sind. GE hat sich aus diesem Grund mit 105 Mio. US$ für 10 % an Pivotal beteiligt. Pivotal wandelt Daten in Informationen um, die für Dienstleistungen genutzt werden. Intel und Cisco sind ebenfalls Partner und insgesamt hat Pivotal mehr als 100 Technologiepartner und zwei Systemintegratoren: Capgemini und Accenture.
Bislang liegen GE über 50 Mio. Datensätze vor, die von über 10 Mio. installierten Sensoren an Maschinen, Anlagen etc. erhoben wurden. Pivotal hat für GE bislang über 40 Anwendungen entwickelt, darunter, z. B. Flugroutenoptimierung, Stillstandvermeidung.

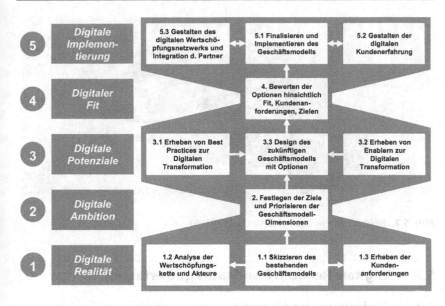

Abb. 5.1 Roadmap zur Digitalen Transformation von Geschäftsmodellen

Das nachfolgende Beispiel bezieht sich auf den Geschäftsbereich „Aviation", insbesondere die Herstellung und Wartung von Triebwerken. Als Kunden von GE Aviation kommen Fluggesellschaften infrage. Dazu gehört z. B. der Low Cost Carrier Air Asia, der über eine Flotte mit 160 Flugzeugen verfügt und 340.000 Flüge pro Jahr durchführt. Das Streckennetz umfasst über 100 Destinationen in 22 Ländern (Abb. 5.2).

Anhand von Analysen hat GE festgestellt, dass weltweit, bei allen Fluggesellschaften, eine Ineffizienz durch Flugzeit, Treibstoffverbrauch, und Routen von 18 bis 22 % vorliegt. Würde es gelingen, den Treibstoffverbrauch um 1 % p. a. zu reduzieren, wäre eine Ersparnis von insg. 30 Mrd. US$ in den nächsten 15 Jahren möglich.

GE hat das bestehende Geschäftsmodell, den Verkauf und die Wartung von Triebwerken, um GE Flight Efficiency Services erweitert. Hierbei werden insbesondere Treibstoffmanagement, Navigationsdienste, Flugdatenanalyse, Risikomanagement und weitere Leistungen angeboten. Die Zielsetzung ist dabei die Reduktion der Betriebskosten und eine bessere Auslastung, um Kosteneinsparungen zu erzielen.

Abb. 5.2 Beispiel für ein Triebwerk von (GE 2016b)

5.2   Digitale Realität: Den Status quo erfassen

5.2.1   Zielsetzung und Fragen

Das Ziel innerhalb dieser Phase ist das Gewinnen einer Kenntnis über die digitale Realität. Hierfür werden das bestehende Geschäftsmodell des Unternehmens skizziert, die Wertschöpfungskette und die Akteure innerhalb der Industrie analysiert und Kundenanforderungen erhoben.

Die Phase „Digitale Realität" beantwortet folgende Fragen:

* Wie gestaltet sich das aktuelle Geschäftsmodell ? Wie sind die einzelnen Geschäftsmodell-Dimensionen ausgeprägt?
* Wie gestaltet sich die aktuelle Wertschöpfungskette ? Welche Wertschöpfungsstufen liegen vor? Welche Akteure liegen je Stufe vor? Wie sind diese Akteure miteinander vernetzt?
* Welche Kundensegmente liegen vor? Welche Anforderungen haben diese Kundensegmente aktuell und zukünftig?

5.2.2   Aktivitäten und Instrumente

Innerhalb der Aktivitäten werden Instrumente eingesetzt, die dazu dienen, notwendige Ergebnisse zu erarbeiten.

Skizzieren des bestehenden Geschäftsmodells
Die Digitale Transformation bezieht sich auf die Veränderung bestehender Geschäftsmodelle. Aus diesem Grund ist es entscheidend, ein Verständnis zum aktuellen Geschäftsmodell aufzubauen. Mithilfe eines einheitlichen Rasters erfolgt dabei die Beschreibung des bestehenden Geschäftsmodells anhand von fünf Dimensionen und 13 Elementen (Schallmo 2013, S. 119 und 139 f.). Die Dimensionen von Geschäftsmodellen lassen sich wie folgt erläutern (Schallmo 2013, S. 118 f.):

*   Kundendimension: Welche Kundensegmente sollen mit dem Geschäftsmodell erreicht werden? Mittels welcher Kundenkanäle sollen die Kundensegmente erreicht werden? Wie soll die Beziehung zu Kundensegmenten ausgestaltet werden?
*   Nutzendimension: Welcher Nutzen soll durch welche Leistungen für Kundensegmente gestiftet werden?
*   Wertschöpfungsdimension: Welche Ressourcen und Fähigkeiten sind notwendig, um die Leistungen zu erstellen und das Geschäftsmodell zu betreiben? Welche Prozesse sollen ausgeführt werden?
*   Partnerdimension: Welche Partner sind für das Geschäftsmodell notwendig? Mittels welcher Partnerkanäle soll mit den Partnern kommuniziert werden und wie sollen die Leistungen beschafft werden? Welche Beziehung soll zu den jeweiligen Partnern vorliegen?
*   Finanzdimension: Welche Umsätze werden mit den Leistungen erzielt? Welche Kosten werden durch das Geschäftsmodell verursacht? Welche Mechanismen sollen jeweils für Umsätze und Kosten zum Einsatz kommen?

Abb. 5.3 stellt die Geschäftsmodell -Dimensionen und -Elemente dar, um Geschäftsmodelle vollständig und einheitlich zu beschreiben; zudem können die Zusammenhänge der Geschäftsmodell-Elemente skizziert werden (zur detaillierten Beschreibung von Geschäftsmodell-Elementen siehe Schallmo 2013, S. 117 ff.). Das Beispiel bezieht sich auf einen Hersteller von Triebwerken für Flugzeuge.

Analyse der Wertschöpfungskette und der Akteure
Diese Aktivität dient dazu, ein Verständnis über die Industrie und den Digitalisierungsgrad aufzubauen. Hierfür werden die Stufen der Wertschöpfungskette der Industrie aufgeführt. Anschließend werden die relevanten Akteure jeder Wertschöpfungsstufe mit ihrem Geschäftsmodell skizziert (Hitt et al. 2008, S. 24; Grant 2005, S. 123; Gadiesh und Gilbert 1998, S. 149 und Schallmo 2013, S. 182 f.). Darauf aufbauend wird jeweils anhand einheitlicher Kriterien

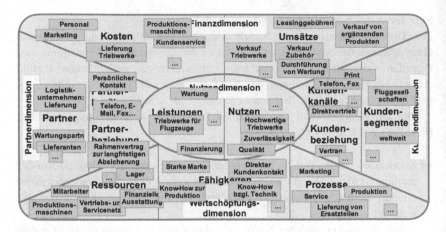

Abb. 5.3 Beschreibung des Geschäftsmodells eines Triebwerkherstellers

(z. B. Einsatz von Technologien, Vernetzung untereinander) der Digitalisierungsgrad der Wertschöpfungsstufe und der Akteure ermittelt und in einem Diagramm abgebildet. Der Digitalisierungsgrad und die damit verbundene Veränderung von Geschäftsmodellen variiert je nach Industrie, was in unterschiedlichen Studien analysiert wurde (KPMG 2013, S. 9; Bouée und Schaible 2015, S. 27 ff. und Geissbauer et al. 2014, S. 3). Anhand der Analyse der Wertschöpfungskette und der Akteure ist es auf einen Blick möglich, attraktive Wertschöpfungsstufen und potenzielle Partner zu identifizieren. In Abb. 5.4 sind die Wertschöpfungsstufen, Akteure und der jeweilige Digitalisierungsgrad dargestellt.

Erheben der Kundenanforderungen

Um Kundenanforderungen zu erheben, erfolgt die Erstellung eines Kundenprofils (bzw. eines Nutzerprofils) anhand von Kriterien (Plattner et al. 2009, S. 167; Curedale 2013, S. 224 und Gray et al. 2010, S. 65 f.). Das Kundenprofil wird üblicherweise im Business-to-Consumer-Bereich eingesetzt, kann aber auch im Business-to-Business-Bereich eingesetzt werden, um Personengruppen (z. B. Einkäufer, Produktionsleiter) oder Unternehmen in Form einer Person zu beschreiben. In Abb. 5.5 ist Kundenprofil eines Wartungsspezialisten einer Fluggesellschaft exemplarisch dargestellt.

Insbesondere bei der Beschreibung einer notwendigen Lösung ist es entscheidend, die Anforderungen anhand der folgenden Nutzenkategorien abzuleiten (Schallmo 2013, S. 129 f.):

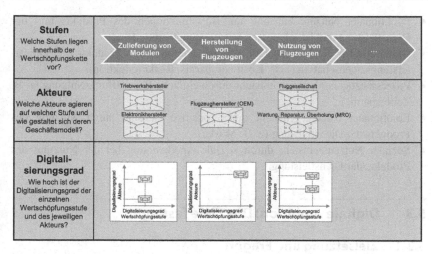

Abb. 5.4   Wertschöpfungsstufen, Akteure und Digitalisierungsgrad einer Industrie

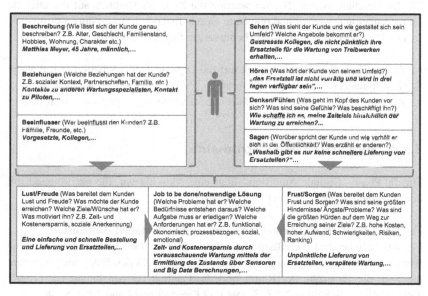

Abb. 5.5   Kundenprofil mit Kundenanforderungen

- Funktionaler Nutzen: entsteht aus Basisfunktionen des Produkts und der Dienstleistung und ist mit dessen Verwendung verbunden.
- Ökonomischer Nutzen: entsteht aus den unmittelbaren Produkt- und Dienstleistungseigenschaften (z. B. Kostenersparnis, Risikoreduktion).
- Prozessbezogener Nutzen: entsteht durch einfache Beschaffung/Nutzung (z. B. Zeitersparnis).
- Emotionaler Nutzen: entsteht durch positive Gefühle durch Nutzung des Produkts/der Dienstleistung (z. B. Marke).
- Sozialer Nutzen: entsteht durch soziale Anerkennung bei der Nutzung des Produkts/der Dienstleistung.

5.3   Digitale Ambition: Die Ziele festlegen

5.3.1   Zielsetzung und Fragen

Das Ziel innerhalb dieser Phase ist das Entwickeln einer digitalen Ambition für das Geschäftsmodell. Hierfür werden die Ziele im Hinblick auf die Digitale Transformation festgelegt und relevante Geschäftsmodell-Dimensionen priorisiert. Die Phase „Digitale Ambition" beantwortet folgende Fragen:

- Welche Ziele liegen im Hinblick auf die Digitale Transformation je Kategorie (Zeit, Finanzen, Raum, Qualität) vor?
- Wie können diese Ziele je Geschäftsmodell -Dimension priorisiert werden?

5.3.2   Aktivitäten und Instrumente

Für die Phase „Digitale Ambition" liegt eine Aktivität vor, die nachfolgend mit dem dazugehörigen Instrument beschrieben ist.

Festlegen der Ziele und Priorisieren der Geschäftsmodell -Dimensionen
Für das bestehende Geschäftsmodell und enthaltene Geschäftsmodell-Elemente werden anhand von vier Kategorien Ziele abgeleitet. Zu den Kategorien gehören: die Zeit, die Finanzen, der Raum und die Qualität (in Anlehnung an: Österle 1995, S. 109 f.; Schallmo 2013, S. 194 und Kreutzer und Land 2013, S. 48).
Mittels der Kategorie „Zeit" lassen sich Ziele ableiten, die sich auf die zeitlichen Aspekte des Geschäftsmodells beziehen (z. B. schnellere Bereitstellung von Leistungen, schnellere Produktion…).

Innerhalb der Kategorie „Finanzen" lassen sich Ziele ableiten, die sich auf die finanziellen Aspekte des Geschäftsmodells beziehen (z. B. Kosteneinsparungen, Umsatzsteigerungen…).

Mittels der Kategorie „Raum" können Ziele abgeleitet werden, die die räumlichen Aspekte des Geschäftsmodells berücksichtigen (z. B. Vernetzung, Automatisierung…).

Die Kategorie „Qualität" enthält Ziele, die sich auf die qualitativen Aspekte des Geschäftsmodells beziehen (Produktqualität, Beziehungsqualität, Prozessqualität…).

Beispiel

Tab. 5.1 zeigt die Zielkategorien mit Zielen je Geschäftsmodell -Element beispielhaft auf.

Die vorgestellten Kategorien dienen dazu, alle relevanten Aspekte zu berücksichtigen und sich z. B. nicht nur auf zeitliche Aspekte zu konzentrieren. Die abgeleiteten Ziele können mehrere Kategorien betreffen und sich somit überschneiden. Aus diesem Grund werden die Ziele anschließend priorisiert. Daraus ergibt sich dann eine Priorisierung der Geschäftsmodell -Dimensionen, die bearbeitet werden sollen.

Tab. 5.1 Zielkategorien mit Zielen je Geschäftsmodell -Element

Kategorie	Ziele, bezogen auf Geschäftsmodell -Elemente
Zeit	• Reaktion auf Störungen innerhalb von 6 h • Reduktion der Produktionszeit auf 30 Tage • Lieferzeit innerhalb von 12 h • …
Finanzen	• Reduktion der Vertriebskosten um 30% • Reduktion der internen Logistikkosten um 25% • Erhöhung des Serviceumsatzes auf 35% • …
Raum	• Automatische Übermittlung von Betriebsdaten • Ortsunabhängige Bestandskontrolle bei Kunden • …
Qualität	• Präventive Wartung zur Reduktion von Triebwerksausfällen • Verbesserung des Kundenerlebnisses • …

5.4   Digitale Potenziale: Die Optionen ableiten

5.4.1   Zielsetzung und Fragen

Das Ziel innerhalb dieser Phase ist das Identifizieren der digitalen Potenziale für das Geschäftsmodell. Hierbei werden Best Practices und Enabler zur Digitalen Transformation erhoben und anschließend Optionen des zukünftigen digitalen Geschäftsmodells abgeleitet.

Die Phase „Digitale Potenziale" beantwortet folgende Fragen:

- Welche Best Practices liegen innerhalb und außerhalb der eigenen Industrie vor? Welche Ausgangssituation, Problemstellung, Zielsetzung, Vorgehensweise und Ergebnisse liegen jeweils vor?
- Welche Enabler liegen für die Digitale Transformation vor? Wie lassen sich diese Enabler den folgenden vier Kategorien zuordnen: Digitale Daten, Automatisierung, Vernetzung, Digitaler Kundenzugang?
- Wie soll das zukünftige digitale Geschäftsmodell gestaltet werden? Welche Optionen liegen vor?

5.4.2   Aktivitäten und Instrumente

Im Rahmen der Aktivitäten werden Instrumente eingesetzt, um zielgerichtet Ergebnisse zu erarbeiten.

Erheben von Best Practices zur Digitalen Transformation
Um Ideen für die Digitale Transformation des Geschäftsmodells zu gewinnen, werden Best Practices aus der eigenen und aus fremden Industrien gewonnen und beschrieben (Bucherer 2010, S. 77; Giesen et al. 2007, S. 32 und Schallmo 2013, S. 185).

Tab. 5.2 zeigt mögliche Kriterien mit deren Erläuterung auf, um Best Practices einheitlich zu beschreiben.

Eine Reihe von Best Practices für die Digitale Transformation findet sich in der bestehenden Literatur wieder (Brand et al. 2009; Boueé und Schaible 2015, S. 9 ff.; Botthof und Bovenschulte 2009, S. 15 ff.; Hoffmeister 2015; Jahn und Pfeiffer 2014, S. 81 ff. und Bauernhansl und Emmrich 2015, S. 24).

Tab. 5.2 Beschreibung von Best Practices

Kriterium	Erläuterung
Ausgangssituation	• In welcher Ausgangssituation befand sich das Unternehmen? • Wie gestaltete sich das Geschäftsmodell?
Problemstellung	• Welches Problem lag vor? • Was war der Anlass, das Geschäftsmodell digital zu transformieren?
Zielsetzung	• Welche Ziele sollten mit der Digitalen Transformation erreicht werden (im Hinblick auf Zeit, Finanzen, Raum und Qualität)?
Vorgehensweise	• Welche Enabler wurden eingesetzt? • Welche Anwendungen ermöglicht? • An welchen Stellen wurde das Geschäftsmodell digital transformiert? • Wie wurde die Wertschöpfung digitalisiert?
Ergebnisse	• Wie gestaltete sich das digitale Geschäftsmodell? • Welchen Einfluss hatte die Digitale Transformation auf die Ergebnisse des Geschäftsmodells?

Erheben von Enablern zur Digitalen Transformation

Enabler dienen dazu, Anwendungen bzw. Leistungen zu ermöglichen, die der digitalen Transformation des Geschäftsmodells dienen.

Für Enabler und Anwendungen/Leistungen liegen vier Kategorien vor, die nachfolgend erläutert sind (in Anlehnung an: Boueé und Schaible 2015, S. 19 f.):

- **Digitale Daten:** Die Erfassung, Verarbeitung und Auswertung digitalisierter Daten ermöglichen es, bessere Vorhersagen und Entscheidungen zu treffen.
- **Automatisierung:** Die Kombination von klassischen Technologien mit künstlicher Intelligenz ermöglicht den Aufbau von autonom arbeitenden, sich selbst organisierenden Systemen. Dadurch ist die Senkung von Fehlerquoten, die Erhöhung der Geschwindigkeit und die Reduktion der Betriebskosten möglich.
- **Digitaler Kundenzugang:** Das mobile Internet ermöglicht den direkten Zugang zum Kunden, der dadurch eine hohe Transparenz und neue Dienstleistungen erhält.
- **Vernetzung:** Die mobile oder leitungsgebundene Vernetzung der gesamten Wertschöpfungskette über hochbreitbandige Telekommunikation ermöglicht die Synchronisation von Lieferketten, was zu einer Verkürzung von Produktionszeiten und Innovationszyklen führt.

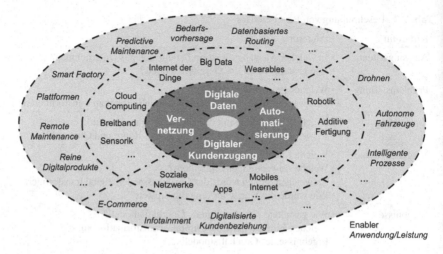

Abb. 5.6 Digitalradar mit Enablern und Anwendungen. (In Anlehnung an Bouée und Schaible 2015, S. 20)

Die Enabler werden mit Ihren Anwendungen/Leistungen in einem Digitalradar aufgeführt, was in Abb. 5.6 dargestellt ist.

Das Digitalradar wird bei Bedarf um weitere Enabler und Anwendungen/Leistungen ergänzt. Nachfolgend ist ein Beispiel für die additive Fertigung für bionische Bauteile von Flugzeugen aufgeführt. Die Additive Fertigung ist analog für den Druck von Ersatzteilen für Triebwerke einsetzbar (Jakob 2015).

Beispiel: Additive Fertigung für bionische Bauteile von Flugzeugen (Flugrevue 2015)

Airbus hat im Juli 2014 eine bionisch geformte Halterung in ein A350-Testflugzeug eingebaut und ist damit bereits geflogen. Es handelt sich um ein mit Titanpulver „gedrucktes" Bauteil, das die gleichen Vorgaben hinsichtlich Funktion und Festigkeit, wie ein herkömmliches Bauteil aufweist. Die Vorteile sind:

- Weniger Material und geringeres Gewicht (30 % leichter)
- Senkung des Treibstoffverbrauchs
- Erhöhung der Flexibilität, da Werften Ersatzteile ohne große Fertigungsanlagen direkt an Ort und Stelle nach Originalplänen „drucken" können (Abb. 5.7).

Abb. 5.7 Bionisches und herkömmliches Bauteil (Flugrevue 2016)

Mittels des Erhebens von Enablern zur Digitalen Transformation ist es möglich, das Geschäftsmodell, die digitale Kundenerfahrung und das digitale Wertschöpfungs-netz zu gestalten bzw. festzulegen, welche Enabler im Rahmen des Wert-schöpfungsnetzwerks zum Einsatz kommen (Boueé und Schaible 2015, S. 19).[1]

---

[1]Siehe zur Analyse technologischer Trends auch: Schallmo und Brecht 2014, S. 118 ff.

Design der Optionen des zukünftigen digitalen Geschäftsmodells

Auf Basis der Best Practices und der Enabler, die erhoben wurden, werden nun Optionen für die zukünftige Ausgestaltung der einzelnen Geschäftsmodell -Elemente abgeleitet. Hierbei ist es entscheidend, zunächst alle Optionen aufzulisten, ohne eine Bewertung vorzunehmen. Die beiden Kernfragen sind dabei:

- Welche Geschäftsmodell -Elemente sollen in welcher Form digitalisiert werden? Benchmarks zu Verbrauchdaten könnten z. B. über eine Plattform bereitgestellt werden.
- Wie können Enabler aus dem Digitalradar eingesetzt werden, um Geschäftsmodell -Elemente zu verbessern? Die Verbesserung des Wartungsprozesses bzw. die Vorhersage von Wartungsintervallen eines Treibwerks könnte z. B. mittels Big Data ermöglicht werden.

In Abb. 5.8 ist der Optionenraum für das zukünftige digitale Geschäftsmodell mit exemplarischen Ausprägungen für einen Triebwerkhersteller dargestellt.

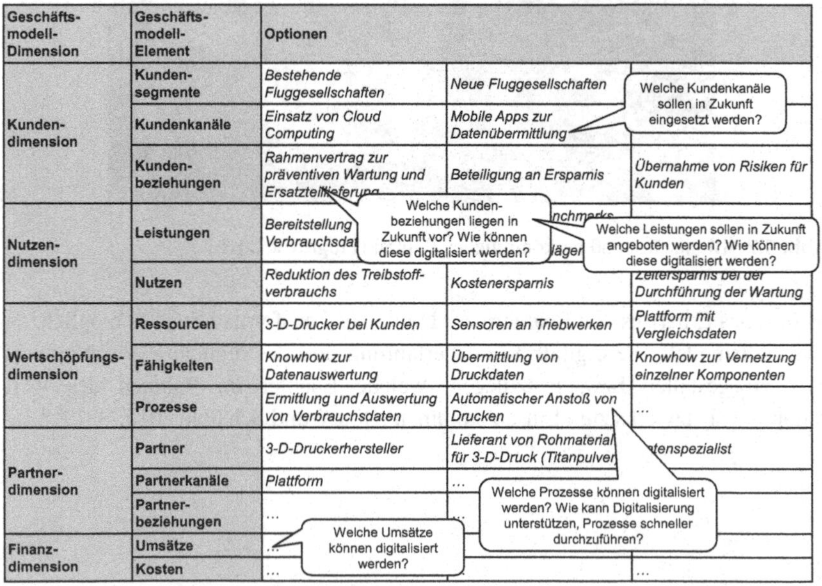

Geschäftsmodell-Dimension	Geschäftsmodell-Element	Optionen		
Kundendimension	Kundensegmente	Bestehende Fluggesellschaften	Neue Fluggesellschaften	*Welche Kundenkanäle sollen in Zukunft eingesetzt werden?*
	Kundenkanäle	Einsatz von Cloud Computing	Mobile Apps zur Datenübermittlung	
	Kundenbeziehungen	Rahmenvertrag zur präventiven Wartung und Ersatzteillieferung	Beteiligung an Ersparnis	Übernahme von Risiken für Kunden
Nutzendimension	Leistungen	Bereitstellung Verbrauchsda...	...jäge...	*Welche Leistungen sollen in Zukunft angeboten werden? Wie können diese digitalisiert werden?*
	Nutzen	Reduktion des Treibstoffverbrauchs	Kostenersparnis	Zeitersparnis bei der Durchführung der Wartung
Wertschöpfungsdimension	Ressourcen	3-D-Drucker bei Kunden	Sensoren an Triebwerken	Plattform mit Vergleichsdaten
	Fähigkeiten	Knowhow zur Datenauswertung	Übermittlung von Druckdaten	Knowhow zur Vernetzung einzelner Komponenten
	Prozesse	Ermittlung und Auswertung von Verbrauchsdaten	Automatischer Anstoß von Drucken	...
Partnerdimension	Partner	3-D-Druckerhersteller	Lieferant von Rohmaterial für 3-D-Druck (Titanpulver)	...tenspezialist
	Partnerkanäle	Plattform	...	
	Partnerbeziehungen	...		
Finanzdimension	Umsätze	...		
	Kosten	...	...	

Welche Kundenbeziehungen liegen in Zukunft vor? Wie können diese digitalisiert werden?

Welche Umsätze können digitalisiert werden?

Welche Prozesse können digitalisiert werden? Wie kann Digitalisierung unterstützen, Prozesse schneller durchzuführen?

Abb. 5.8 Optionenraum für zukünftige Geschäftsmodelle

Die Gestaltung der Optionen für das zukünftige Geschäftsmodell orientiert sich dabei an den abgeleiteten Zielen. Die abgeleiteten Optionen für das Geschäftsmodell sollen dabei ebenfalls die Kundenanforderungen und die Wertschöpfungskette mit Akteuren berücksichtigen und somit Ideen für die Gestaltung der digitalen Kundenerfahrung und des digitalen Wertschöpfungsnetzwerks ableiten.

Im Rahmen des Designs der Optionen für das zukünftige Geschäftsmodell können neben den Best Practices und Enablern zusätzlich grundlegende digitale Geschäftsmodell-Muster herangezogen werden (siehe hierzu: Hoffmeister 2013, S. 17 ff.; Hoffmeister 2015, S. 120 ff. und Esser 2014).

5.5   Digitaler Fit: Die Eignung bewerten

5.5.1   Zielsetzung und Fragen

Das Ziel innerhalb dieser Phase ist es, den Fit des digitalen Geschäftsmodells zu evaluieren. Dabei werden passende Kombinationen von Optionen festgelegt und in das bestehende Geschäftsmodell integriert. Anschließend werden die Kombinationen hinsichtlich des Geschäftsmodell-Fits, der Erfüllung von Kundenanforderungen und der Erreichung von Zielen bewertet.

Die Phase „Digitaler Fit" beantwortet folgende Fragen:

- Welche kohärenten Kombinationen liegen innerhalb des Optionenraums vor?
- Wie lassen sich die Kombinationen hinsichtlich des Fits mit dem bestehenden Geschäftsmodell bewerten?
- Wie lassen sich die Kombinationen hinsichtlich des Fits mit der Erfüllung von Kundenanforderungen bewerten?
- Wie lassen sich die Kombinationen hinsichtlich des Fits mit den Zielen der Digitalen Transformation bewerten?

5.5.2   Aktivitäten und Instrumente

Im Rahmen der Aktivitäten werden Instrumente eingesetzt, um zielgerichtet Ergebnisse zu erarbeiten.

Festlegen von Kombinationen der Optionen
Für die abgeleiteten Optionen werden nun passende Kombinationen festgelegt, d. h.
dass die Optionen kongruent zueinander sein müssen. Die jeweilige Kombination
der Optionen wird anschließend in das bestehende Geschäftsmodell integriert.
In Abb. 5.9 sind zwei unterschiedliche Ausprägungen des bestehenden
Geschäftsmodells mit Optionen dargestellt.

Bewerten der Kombinationen
Das Bewerten der Kombinationen erfolgt hinsichtlich des Geschäftsmodell -Fits,
der Erfüllung von Kundenanforderungen und der Erreichung von Zielen.
Kriterien zum Fit mit dem bestehenden Geschäftsmodell:

- Wie passt die Kombination der Option zu den bestehenden Elementen der
  Kundendimension?
- Wie passt die Kombination der Option zu den bestehenden Elementen der
  Nutzendimension?
- Wie passt die Kombination der Option zu den bestehenden Elementen der
  Wertschöpfungsdimension?
- Wie passt die Kombination der Option zu den bestehenden Elementen des Fits
  mit der bestehenden Partnerdimension?
- Wie passt die Kombination der Option zu den bestehenden Elementen der
  Finanzdimension?

Kriterien zur Erfüllung von Kundenanforderungen:

- Wie trägt die Kombination der Option zur Erfüllung des funktionalen Nutzens bei?
- Wie trägt die Kombination der Option zur Erfüllung des ökonomischen Nut-
  zens bei?
- Wie trägt die Kombination der Option zur Erfüllung des prozessbezogenen
  Nutzens bei?
- Wie trägt die Kombination der Option zur Erfüllung des emotionalen Nutzens bei?
- Wie trägt die Kombination der Option zur Erfüllung des sozialen Nutzens bei?

Kriterien zur Erreichung von Zielen:

- Wie trägt die Kombination der Option zum Erreichen zeitlicher Zielen bei?
- Wie trägt die Kombination der Option zum Erreichen finanzieller Ziele bei?
- Wie trägt die Kombination der Option zum Erreichen räumlicher Ziele bei?
- Wie trägt die Kombination der Option zum Erreichen von qualitativen Zielen bei?

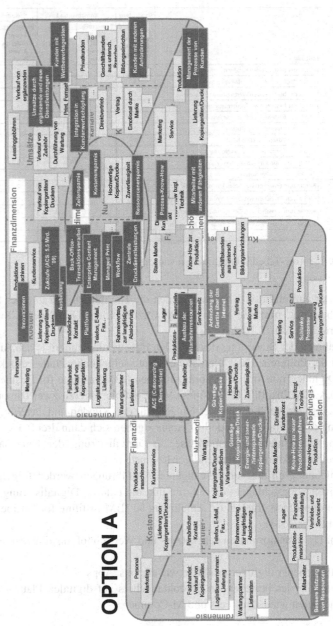

Abb. 5.9 Ausprägungen des bestehenden Geschäftsmodells

Kategorie	Kriterium	Gewichtung 1 (unwichtig) bis 5 sehr wichtig	Kombination 1		Kombination 2	
			Bewertung: 1 (sehr niedrig) bis 5 (sehr hoch)	Score	Bewertung: 1 (sehr niedrig) bis 5 (sehr hoch)	Score
Bestehendes Geschäftsmodell	Fit mit der bestehenden Kundendimension	3	2	6	1	3
	Fit mit der bestehenden Nutzendimension	4	2	8	3	12
	Fit mit der bestehenden Wertschöpfungsdimension	5	3	15	4	20
	Fit mit der bestehenden Partnerdimension	3	4	12	4	12
	Fit mit der bestehenden Finanzdimension	4	5	20	3	12
Erfüllung von Kundenanforder-ungen	Beitrag zum funktionalen Nutzen	2	3	6	3	6
	Beitrag zum ökonomischen Nutzen	5	3	15	2	10
	Beitrag zum prozessbezogenen Nutzen	3	4	12	1	3
	Beitrag zum emotionalen Nutzen	1	3	3	4	4
	Beitrag zum sozialen Nutzen	1	2	2	3	3
Erreichung von Zielen	Beitrag zum Erreichen von Zielen hinsichtlich Zeit	4	3	12	2	8
	Beitrag zum Erreichen von Zielen hinsichtlich Finanzen	4	4	16	5	20
	Beitrag zum Erreichen von Zielen hinsichtlich Raum	3	5	15	4	12
	Beitrag zum Erreichen von Zielen hinsichtlich Qualität	5	3	15	3	15
Gesamtscore		-	-	157	-	140

Abb. 5.10 Scoring-Tabelle zum Bewerten von Optionen

Anhand der aufgeführten Kriterien werden die Kombinationen in einer Scoring-Tabelle bewertet, um eine Priorisierung vorzunehmen. Die Scoring-Tabelle ist exemplarisch in Abb. 5.10 dargestellt.

Im Rahmen der Bewertung des digitalen Fits, werden zudem je ach Ausgangs-lage und der Präferenz des Unternehmens unterschiedliche Pfade berücksichtigt, um die Digitale Transformation voranzutreiben (IBM Institute for Business Value 2011). Das IBM Institute for Business Value definiert hierzu zwei Dimensionen: Das Was, also die Veränderung des Nutzens für den Kunden und das Wie, also die Gestaltung des operativen Modells. Daraus ergeben sich dann drei Pfade: 1) Digi-talisierung der Unternehmensprozesse, 2) Digitalisierung der Nutzenangebote und 3) Aufbau zukünftiger notwendiger Kompetenzen.

In Anlehnung an die vorangegangenen Ausführungen werden folgende zwei Perspektiven vorgeschlagen: die interne und die externe Digitalisierung, woraus sich dann drei Pfade ergeben (in Anlehnung an IBM Institute for Business Value 2011 und Esser 2014):

Intern: Die Transformation der Nutzen- und Wertschöpfungsdimension, z.B.:

- Erstellung neuer digitaler Produkte wie eBooks, Apps
- Erweiterung des bestehenden Produktangebots auf digitalen Plattformen und Technologien wie E-Business und M-Commerce

- Einsatz von Technologien, um die Kosten in der Supply Chain und in Management-Prozessen zu reduzieren.
- Einsatz von Technologien, um z. B. weltweit virtuelle Konferenzen durchzuführen.

Extern: Die Transformation der Kunden- und Partnerdimension und der Wertschöpfungskette

- Einsatz von Tracking und Analysetools, um das Kundenverhalten zu analysieren und Aussagen bzgl. des Kaufverhaltens zu treffen
- Einsatz multipler und integrierter Kanäle, wie Filiale, Mobiltelefon, Internetauftritt, Social Media, für ein verbessertes Kundenerlebnis.

Direkt: Die parallele interne und externe Transformation.

In Abb. 5.11 sind die Pfade in Abhängigkeit der Perspektiven dargestellt.

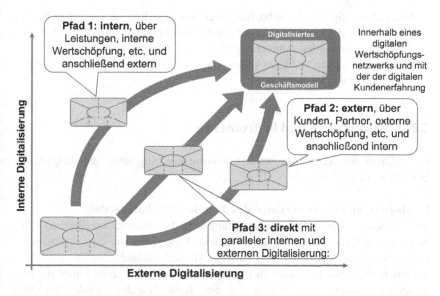

Abb. 5.11 Pfade der Digitalen Transformation

5.6   Digitale Implementierung: Die Realisierung ermöglichen

5.6.1   Zielsetzung und Fragen

Das Ziel innerhalb dieser Phase ist es, die digitale Implementierung des Geschäftsmodells vorzunehmen. Das digitale Geschäftsmodell wird finalisiert und implementiert. Daneben werden die digitale Kundenerfahrung und das digitale Wertschöpfungsnetzwerk gestaltet.

Die Phase „Digitale Implementierung" beantwortet folgende Fragen:

- Wie lässt sich das digitale Geschäftsmodell finalisieren und implementieren? Welche Veränderungen sollen in welcher Reihenfolge an dem bestehenden Geschäftsmodell vorgenommen werden? Welche Projekte sind dazu notwendig?
- Wie soll die digitale Kundenerfahrung gestaltet werden? Welche digitalen Enabler sollen dabei eingesetzt werden und welche Anwendungen werden damit erzeugt?
- Wie soll das digitale Wertschöpfungsnetzwerk gestaltet und wie sollen Partner integriert werden? Welche Enabler sollen dabei eingesetzt werden und welche Anwendungen werden damit erzeugt?
- Welche Ressourcen und Fähigkeiten sind generell notwendig, um die Digitale Implementierung vorzunehmen?

5.6.2   Aktivitäten und Instrumente

Im Rahmen der Aktivitäten werden Instrumente eingesetzt, um zielgerichtet Ergebnisse zu erarbeiten.

Finalisieren und Implementieren des digitalen Geschäftsmodells
Auf Basis der vorangegangenen Bewertung wird die erfolgversprechendste Kombination von Optionen in das Geschäftsmodell integriert, um eine Finalisierung vorzunehmen. Anschließend wird ein Projekt- und Maßnahmenplan entwickelt, um das finale Geschäftsmodell zu implementieren. Hierbei spielen auch die notwendigen Ressourcen und Fähigkeiten eine Rolle, um das digitale Geschäftsmodell zu erstellen.

In Abb. 5.12 ist exemplarisch die Einbettung des Produkts „Triebwerk" in das Geschäftsmodell und das System von Systemen dargestellt. Hierbei sind verschiedene Entwicklungsstufen aufgezeigt, die Idee der Entwicklungsstufen entstammt von Porter und Heppelmann (2014, S. 44 f.).

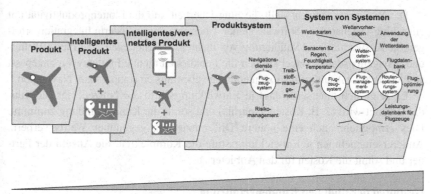

Abb. 5.12 Entwicklungsstufen vom Produkt zum System von Systemen. (In Anlehnung an Porter und Heppelmann 2014, S. 44 f.)

Bei dem Produkt handelt es sich um ein Triebwerk, das in einem Flugzeug eingebaut ist. Das intelligente Produkt wird bereitgestellt, indem mittels Triebwerksensoren Daten erhoben werden, wodurch ein Soll-Ist-Verbrauch von Treibstoff und eine Optimierung möglich sind. Wird das Triebwerk innerhalb des Flugzeugs vernetzt, um z. B. Landeklappen zu steuern, so handelt es sich um ein intelligentes, vernetztes Produkt. Die Vernetzung kann ebenfalls mit der gesamten Flotte der Fluggesellschaft, oder Flotten anderer Fluggesellschaften erfolgen.

Werden nun weitere Leistungen zu dem intelligenten und vernetzten Produkt hinzugefügt, so handelt es sich um ein Produktsystem. In dem vorliegenden Beispiel ist es das Flugzeugsystem, das Navigationsdienst, Treibstoffmanagement und Risikomanagement beinhaltet (GE 2016a).

Der Navigationsdienst ermöglicht es, die geflogenen Meilen und somit den Treibstoffverbrauch zu reduzieren. Ferner trägt der Navigationsdienst zur Verbesserung der Planung und Durchführung von leistungsbezogenen Navigationsverfahren bei. Hierbei haben Experten aus unterschiedlichen Domänen einen Zugriff darauf und es können maßgeschneiderten Kundenlösungen bereitgestellt werden.

Das Treibstoffmanagement beinhaltet die Bereitstellung von Erkenntnissen, um nachhaltige Einsparungen von Treibstoff zu erzielen. Dabei werden Einsparungen gemessen und beobachtet. Das Treibstoffmanagement enthält Analyse- und Reporting-Funktionen, um Erkenntnisse für zusätzliche Einsparmöglichkeiten zu liefern.

Das Risikomanagement stellt die Flugsicherheit und die Flottenproduktivität mit einer Flug-Datenanalyse-Software sicher. Über eine automatisierte Integration erfolgen die Auswertung und Validierung von mehrere Datenquellen, wie Flug-, Wetter- und Navigationsdaten. Dabei können die Funktionen an alle Flottentypen angepasst werden. Präzise Analysefunktionen enthalten ebenfalls eine anpassbare Navigation.

Es zeigt sich einerseits, dass je Entwicklungsstufe der Nutzen, der für Kunden erzeugt wird (z. B. Kostenersparnis) und somit die Kundenbindung zunimmt. Dies ermöglicht auch eine höhere Differenzierung gegenüber Wettbewerbern. Andererseits nehmen je Entwicklungsstufe die Komplexität, die Anzahl der Partner und somit die Kosten für den Anbieter zu.

Gestalten der digitalen Kundenerfahrung

Ausgehend von den Kundenanforderungen, die in der ersten Phase erhoben wurden, erfolgt nun das Gestalten der digitalen Kundenerfahrung. Dabei werden die wichtigsten Phasen aus Kundensicht festgelegt. Für jede Phase werden dann Bedürfnisse, Aufgaben und geforderte Erfahrungen abgeleitet und Leistungen, sowie digitale Enabler definiert (in Anlehnung an: Stickdorn und Schneider 2014, S. 158 f. und Curedale 2013, S. 213).

Zur Analyse der wichtigsten Phasen aus Kundensicht dient zunächst eine allgemein gültige Beschreibung der digitalen Kundenerfahrung, die in Abb. 5.13 dargestellt ist (in Anlehnung an: Schallmo und Brecht 2014, S. 104 f. und Schallmo 2013, S. 209).

Je nach Industrie, Kunde und Geschäftsmodell können andere Phasen aus Kundensicht relevant sein; die Phasen sind daher individuell zu erarbeiten. In Abb. 5.14 ist die Gestaltung der digitalen Kundenerfahrung exemplarisch für den Einsatz eines Flugzeug-Triebwerks dargestellt.

Gestalten des digitalen Wertschöpfungsnetzwerks und Integration der Partner

Auf Basis der Analyse der Wertschöpfungskette und der Akteure sowie des finalen Geschäftsmodells erfolgt die Gestaltung des digitalen Wertschöpfungsnetzwerks mit der Integration von Partnern.

Dabei soll die Rolle des Integrators eingenommen werden; ferner werden digitale Enabler genutzt, um das Wertschöpfungsnetzwerk zu gestalten. In Abb. 5.15 ist das integrierte, digitale Wertschöpfungsnetzwerk exemplarisch dargestellt.

Innerhalb der letzten Phase ist es entscheidend, dass das Finalisieren und Implementieren des Geschäftsmodells, das Gestalten des digitalen Wertschöpfungsnetzwerks und das Gestalten der digitalen Kundenerfahrung iterativ erfolgen. Das heißt, dass auf Basis von Tests Anpassungen vorgenommen werden können.

- Welche Bedürfnisse hat der Kunde in der After-Sales-Phase?
- Welche Aufgaben muss er erledigen? Welche Erfahrungen möchte er machen? Welche Leistungen/Anwendungen sollen angeboten werden?
- Welche digitalen Enabler liegen vor?

After Sales　　　Anregung

Phasen der digitalen Kundenerfahrung

Kauf & Verwendung　　　Evaluation

- Welche Bedürfnisse hat der Kunde in der Kauf-/Verwendungs-Phase?
- Welche Aufgaben muss er erledigen? Welche Erfahrungen möchte er machen? Welche Leistungen/Anwendungen sollen angeboten werden?
- Welche digitalen Enabler liegen vor?

- Welche Bedürfnisse hat der Kunde in der Anregungs-Phase?
- Welche Aufgaben muss er erledigen? Welche Erfahrungen möchte er machen? Welche Leistungen/Anwendungen sollen angeboten werden?
- Welche digitalen Enabler liegen vor?

- Welche Bedürfnisse hat der Kunde in der Evaluations-Phase?
- Welche Aufgaben muss er erledigen? Welche Erfahrungen möchte er machen? Welche Leistungen/Anwendungen sollen angeboten werden?
- Welche digitalen Enabler liegen vor?

Abb. 5.13　Generelle Phasen der Digitalen Kundenerfahrung

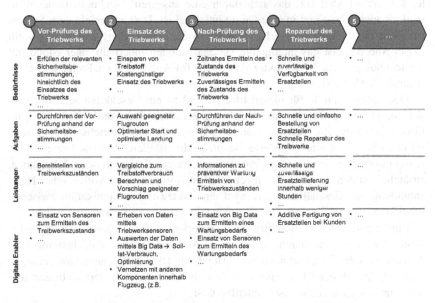

	1 Vor-Prüfung des Triebwerks	2 Einsatz des Triebwerks	3 Nach-Prüfung des Triebwerks	4 Reparatur des Triebwerks	5 ...
Bedürfnisse	• Erfüllen der relevanten Sicherheitsbestimmungen, hinsichtlich des Einsatzes des Triebwerks • ...	• Einsparen von Treibstoff • Kostengünstiger Einsatz des Triebwerks • ...	• Zeitnahes Ermitteln des Zustands des Triebwerks • Zuverlässiges Ermitteln des Zustands des Triebwerks	• Schnelle und zuverlässige Verfügbarkeit von Ersatzteilen • ...	• ...
Aufgaben	• Durchführen der Vor-Prüfung anhand der Sicherheitsbestimmungen • ...	• Auswahl geeigneter Flugrouten • Optimierter Start und optimierte Landung • ...	• Durchführen der Nach-Prüfung anhand der Sicherheitsbestimmungen	• Schnelle und einfache Bestellung von Ersatzteilen • Schnelle Reparatur des Triebwerks	• ...
Leistungen	• Bereitstellen von Triebwerkszuständen • ...	• Vergleiche zum Treibstoffverbrauch • Berechnen und Vorschlag geeigneter Flugrouten • ...	• Informationen zu präventiver Wartung • Ermitteln von Triebwerkszuständen • ...	• Schnelle und zuverlässige Ersatzteillieferung innerhalb weniger Stunden • ...	
Digitale Enabler	• Einsatz von Sensoren zum Ermitteln des Triebwerkszustands • ...	• Erheben von Daten mittels Triebwerksensoren • Auswerten der Daten mittels Big Data → Soll-Ist-Verbrauch, Optimierung • Vernetzen mit anderen Komponenten innerhalb Flugzeug, (z.B.	• Einsatz von Big Data zum Ermitteln eines Wartungsbedarfs • Einsatz von Sensoren zum Ermitteln des Wartungsbedarfs • ...	• Additive Fertigung von Ersatzteilen bei Kunden • ...	• ...

Abb. 5.14　Digitale Kundenerfahrung für den Einsatz eines Triebwerks

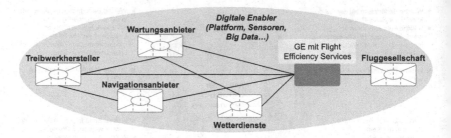

Abb. 5.15 Integriertes und digitales Wertschöpfungsnetzwerk

5.7 Intelligentes Geschäftsmodell als Idealzustand

Als Idealzustand liegt am Ende der beschriebenen Aktivitäten ein intelligentes Geschäftsmodell vor, das sich durch eine ausgereifte technologische Infrastruktur auszeichnet und in eine Cloud integriert ist. Dies entspricht dem System von Systemen, das in Abb. 5.12 im Rahmen der Entwicklungsstufen dargestellt ist. In Abb. 5.16 ist das intelligente Geschäftsmodell innerhalb einer Cloud mit der technologischen Infrastruktur dargestellt (in Anlehnung an Porter und Heppelmann 2015, S. 57).

Der Ausgangspunkt für diesen Idealzustand ist ein Geschäftsmodell mit Produkten, Dienstleistungen, Prozessen etc., bei dem Soft- und Hardware zum Einsatz kommen. Zur Software zählen z. B. eingebettete Betriebssysteme, Softwareanwendungen und erweiterte Benutzerschnittstellen. Zur Hardware zählen z. B. eingebettete Sensoren und Prozessoren, Netzwerkanschlüsse und Antennen, zusätzlich zu den traditionellen mechanischen Komponenten. Mittels einer Netzanbindung des Geschäftsmodells wird eine Netzwerkkommunikation zwischen Produkten, Dienstleistungen, Prozessen etc. innerhalb einer Cloud ermöglicht.

Ein intelligentes Geschäftsmodell innerhalb einer Cloud führt intelligente Anwendungen durch, setzt Regel-Analyse-Engines ein, betreibt eine Anwendungsplattform und nutzt eine Datenbank. Die intelligenten Anwendungen nutzen innerhalb der Cloud eine Funktion, die überwacht, steuert, optimiert und sich zum Teil auch automatisch ablaufen lässt.

Das Regel-/Analyse-Engine enthält Regeln, Geschäftslogiken und Big-Data-Analysefähigkeiten. Es liefert den Algorithmen im Betrieb Informationen und neue Erkenntnisse über Produkte, Dienstleistungen, Prozesse etc. Die Anwendungsplattform beinhaltet eine Entwicklungsumgebung, in der intelligente, vernetzte Anwendungen mit Datenzugang, Visualisierung und Laufzeittools schnell erstellt werden können. Innerhalb der Datenbank werden historische und aktuelle Daten aggregiert, normalisiert und verwaltet.

Abb. 5.16 Intelligentes Geschäftsmodell mit der technologischen Infrastruktur

Das intelligente Geschäftsmodell innerhalb der Cloud ist an Unternehmenssysteme gebunden und mit intelligenten Geschäftsmodellen von Kunden und Partnern innerhalb der Cloud vernetzt. Ferner liegt eine Vernetzung mit externen Datenquellen vor. Die Identität und Sicherheit des intelligenten Geschäftsmodells müssen berücksichtig werden.

Im Rahmen der Anbindung an Anbindung an Unternehmenssysteme werden Tools eingesetzt, die Daten aus intelligenten, vernetzten Geschäftsmodellen an Kernsysteme (ERP, CRM und PLM) des Unternehmens liefern. Externe Datenquellen beinhalten den Anschluss für Informationen aus externen Quellen, die als Datengrundlage (z. B. Wetter, Verkehr, Energiepreisen, soziale Medien, Geo-Ortung) für Geschäftsmodellfunktionen dienen. Die Identität und Sicherheit wird durch Werkzeuge für die Verwaltung von Nutzerprofilen und Systemzugänge gewährleistet. Die Zielsetzung ist es dabei, Geschäftsmodelle, die Netzwerkverbindung und die Cloud-Komponenten zu sichern.

5.8   Zusammenfassung in einem Vorgehensmodell

In Abb. 5.17 sind die zuvor beschriebenen Phasen der Roadmap innerhalb eines Vorgehensmodells zusammengefasst. Dabei sind Ziele Aktivitäten und Ergebnisse beschrieben.

Das Vorgehensmodell verfolgt das Ziel, die digitale Transformation von Geschäftsmodellen zu ermöglichen. Neben der Anwendung des gesamten Vorgehensmodells besteht die Möglichkeit, das Vorgehensmodell anzupassen, indem einzelne Phasen und Aktivitäten zusammengefasst bzw. übersprungen werden.

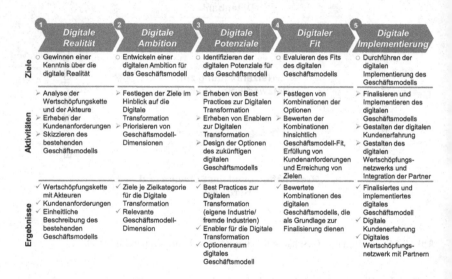

	1 Digitale Realität	**2** Digitale Ambition	**3** Digitale Potenziale	**4** Digitaler Fit	**5** Digitale Implementierung
Ziele	○ Gewinnen einer Kenntnis über die digitale Realität	○ Entwickeln einer digitalen Ambition für das Geschäftsmodell	○ Identifizieren der digitalen Potenziale für das Geschäftsmodell	○ Evaluieren des Fits des digitalen Geschäftsmodells	○ Durchführen der digitalen Implementierung des Geschäftsmodells
Aktivitäten	➤ Analyse der Wertschöpfungskette und der Akteure ➤ Erheben der Kundenanforderungen ➤ Skizzieren des bestehenden Geschäftsmodells	➤ Festlegen der Ziele im Hinblick auf die Digitale Transformation ➤ Priorisieren von Geschäftsmodell-Dimensionen	➤ Erheben von Best Practices zur Digitalen Transformation ➤ Erheben von Enablern zur Digitalen Transformation ➤ Design der Optionen des zukünftigen digitalen Geschäftsmodells	➤ Festlegen von Kombinationen der Optionen ➤ Bewerten der Kombinationen hinsichtlich Geschäftsmodell-Fit, Erfüllung von Kundenanforderungen und Erreichung von Zielen	➤ Finalisieren und Implementieren des digitalen Geschäftsmodells ➤ Gestalten der digitalen Kundenerfahrung ➤ Gestalten des digitalen Wertschöpfungs-netzwerks und Integration der Partner
Ergebnisse	✓ Wertschöpfungskette mit Akteuren ✓ Kundenanforderungen ✓ Einheitliche Beschreibung des bestehenden Geschäftsmodells	✓ Ziele je Zielkategorie für die Digitale Transformation ✓ Relevante Geschäftsmodell-Dimension	✓ Best Practices zur Digitalen Transformation (eigene Industrie/fremde Industrien) ✓ Enabler für die Digitale Transformation ✓ Optionenraum digitales Geschäftsmodell	✓ Bewertete Kombinationen des digitalen Geschäftsmodells, die als Grundlage zur Finalisierung dienen	✓ Finalisiertes und implementiertes digitales Geschäftsmodell ✓ Digitale Kundenerfahrung ✓ Digitales Wertschöpfungs-netzwerk mit Partnern

Abb. 5.17 Vorgehensmodell der Digitalen Transformation von Geschäftsmodellen

Zusammenfassung

6

Das *essential* hat in Kapitel zwei relevante Definitionen im Kontext der Digitalen Transformation von Geschäftsmodellen aufgezeigt. Anschließend wurde innerhalb einer Synthese die Definition zur Digitalen Transformation von Geschäftsmodellen entwickelt.

In Kapitel drei wurden Beispiele für erfolgreich digital transformierte Geschäftsmodelle mit der Ausgangssituation, der Problemstellung, der Zielsetzung und dem Lösungsansatz erläutert. In Kapitel vier wurden bestehende Ansätze zur Digitalen Transformation skizziert, die als Basis für die Roadmap eingesetzt wurden.

Die Roadmap wurde in Kapitel fünf erläutert und besteht aus folgenden fünf Phasen: Digitale Realität, Digitale Ambition, Digitale Potenziale, Digitaler Fit, Digitale Implementierung. Die Phasen der Roadmap wurden mit ihrer jeweiligen Zielsetzung und den relevanten Fragen erläutert. Anschließend wurden die Aktivitäten jeweils mit den dazugehörigen Instrumenten aufgezeigt. Das vorgestellte Vorgehensmodell fasst alle Phasen der Roadmap zusammen und enthält Ziele, Aktivitäten und Ergebnisse.

Die Roadmap und das Vorgehensmodell der digitalen Transformation von Geschäftsmodellen basiert auf bestehenden Ansätzen und den Erfahrungen, die im Rahmen von Beratungs- und Forschungsprojekten gewonnen wurden.

© Springer Fachmedien Wiesbaden GmbH, ein Teil von Springer Nature 2019
D. R. A. Schallmo, *Jetzt digital transformieren*, essentials,
https://doi.org/10.1007/978-3-658-23409-6_6

Was Sie aus diesem *essential* mitnehmen können

- Unterstützung für die Digitale Transformation Ihres Geschäftsmodells durch den Einsatz einer kompakten Roadmap mit fünf Phasen
- Praxistaugliche Aktivitäten und Instrumente je Phase, die durch Beispiele veranschaulicht sind
- Fokussierte Erfassung des Status quo in der ersten Phase: Digitale Realität
- Festlegung von Zielen für die Digitale Transformation in der zweiten Phase: Digitale Ambition
- Ableitung von Optionen für Ihr digitales Geschäftsmodell in der dritten Phase: Digitale Potenziale
- Bewertung der Eignung von Optionen in der vierten Phase: Digitaler Fit
- Realisierung Ihres Digitalen Geschäftsmodells in der fünften Phase: Digitale Implementierung.

© Springer Fachmedien Wiesbaden GmbH, ein Teil von Springer Nature 2019   51
D. R. A. Schallmo, *Jetzt digital transformieren,* essentials,
https://doi.org/10.1007/978-3-658-23409-6

Literatur

Alfons B, Marc B (2009) Das „Internet der Dinge" – die Informatisierung der Arbeitswelt und des Alltags. Hans-Böckler-Stiftung, Düsseldorf

Azhari P, Faraby N, Rossmann A, Steimel B, Wichmann K (2014) Digital transformation report 2014. neuland, Köln

Bauernhansl T, Emmrich V (2015) Geschäftsmodell-Innovation durch Industrie 4.0 – Chancen und Risiken für den Maschinen- und Anlagenbau. Dr. Wieselhuber & Partner GmbH und Fraunhoferinstitut für Produktionstechnik und Automatisierung IPA, Stuttgart

BDI, Berger R (2015) Analysen zur Studie – Die Digitale Transformation der Industrie. Roland Berger Strategy Consultants und Bundesverband der Deutschen Industrie e. V., Berlin

BMWi (2015) Industrie 4.0 und Digitale Wirtschaft – Impulse für Wachstum, Beschäftigung und Innovation. Bundesministerium für Wirtschaft und Energie, Berlin

Bouée C-E, Schaible S (2015) Die Digitale Transformation der Industrie. Roland Berger Strategy Consultants und Bundesverband der Deutschen Industrie e. V., Berlin

Bowersox D, Closs D, Drayer R (2005) The digital transformation: technology and beyond. Supply Chain Manag Rev 1:22–29

Brand L, Hülser T, Grimm V, Zweck A (2009) Internet der Dinge – Perspektiven für die Logistik – Übersichtsstudie. Zukünftige Technologien, Düsseldorf Consulting der VDI Technologiezentrum GmbH

Bucherer E (2010) Business model innovation: guidelines for a structured approach. Shaker Verlag, Aachen

Capgemini (2011) Digital transformation: a roadmap for billion dollar organizations. MIT Center for Digital Business and Capgemini Consulting, Cambridge

CGI (2016) Predictive maintenance. https://www.de.cgi.com/casestudy/thyssenkrupp-elevator-predictive-maintenance. Zugegriffen: 20. Apr. 2016

Cole T (2015) Digitale Transformation. Verlag Franz Vahlen, München

Curedale R (2013) Design thinking – process and methods manual. Design Community College, Topanga

Dispan J (2007) Aufzüge und Fahrtreppen Branchenstudie 2007. IMU-Institut, Stuttgart

Dynasens (2016) Erklärung des Forschungsprojekts. http://dynasens.de/. Zugegriffen: 20. Apr. 2016

© Springer Fachmedien Wiesbaden GmbH, ein Teil von Springer Nature 2019   53
D. R. A. Schallmo, *Jetzt digital transformieren*, essentials,
https://doi.org/10.1007/978-3-658-23409-6

Esser M (2014) Chancen und Herausforderungen durch Digitale Transformation. http://www.strategy-transformation.com/digitale-transformation-verstehen/. Zugegriffen: 02. Febr. 2016

Flugrevue (2016) Bionisches und herkömmliches Bauteil. http://www.flugrevue.de/zivilluftfahrt/flugzeuge/airbus-a350-fliegt-erstmals-mit-3d-gedrucktem-bauteil/581076. Zugegriffen: 13. Apr. 2016

Gadiesh O, Gilbert J (1998) How to map your industry's profit pool. Harvard Bus Rev Mai/Juni 1998:149–162

GE (2016a) Data and analytics driving success at AirAsia. https://www.ge.com/digital/stories/Data-and-Analytics-driving-Success-at-AirAsia. Zugegriffen: 02. Febr. 2016

GE (2016b) Triebwerk von GE. http://www.geaviation.com/commercial/engines/ge90/. Zugegriffen: 13. Apr. 2016

Geissbauer R, Schrauf S, Koch V, Kuge S (2014) Industrie 4.0 – Chancen und Herausforderungen der vierten industriellen Revolution. PwC, Frankfurt

Giesen E, Berman S, Bell R, Blitz A (2007) Three ways to successfully innovate your business mode. Strat Leadersh 35(6):27–33

Grant R (2005) Contemporary strategy analysis. Wiley-Blackwell, Oxford

Gray D, Brown S, Macanufo J (2010) Gamestorming: a playbook for innovators, rulebreakers, and changemakers. O'Reilly and Associates, Sebastopol

Hagleitner (2016a). Homepage von Hagleitner. http://www.hagleitner.com. Zugegriffen: 20. Apr. 2016

Hagleitner (2016b) Pressemeldung von Hagleitner. http://www.hagleitner.com/de/presselounge/hagleitner-sensemanagement-624/. Zugegriffen: 20. Apr. 2016

Hitt M, Ireland D, Hoskisson R (2008) Strategic management: competitiveness and globalization: concepts and case. Cengage Learning, Mason

Hoffmeister C (2013) Digitale Geschäftsmodelle richtig einschätzen. Hanser, München

Hoffmeister C (2015) Digital Business Modelling – Digitale Geschäftsmodelle entwickeln und strategisch verankern. Hanser, München

IBM Institute for Business Value (2011) Digital transformation creating new business models where digital meets physical. http://www-935.ibm.com/services/us/gbs/thoughtleadership/pdf/us_ibv_digita_transformation_808.PDF. Zugegriffen: 02. Febr. 2016

Jahn B, Pfeiffer M (2014) Die digitale Revolution – Neue Geschäftsmodelle statt (nur) neue Kommunikation. Mark Rev St. Gallen 1(2014):80–92

Jakob (2015) Airbus über 3-D-Druck in der Luftfahrt. http://3druck.com/industrie/airbus-ueber-3d-druck-der-luftfahrt-4919624/. Zugegriffen: 02. Febr. 2016

KPMG (2013) Survival of the smartest – Welche Unternehmen überleben die digitale Revolution? KPMG, Berlin

Kreutzer R, Land K-H (2013) Digitaler Darwinismus. Springer, Wiesbaden

Mazzone D (2014) Digital or death: digital transformation – the only choice for business to survive, smash, and conquer. Smashbox Consulting Inc, Mississauga

Odermatt P, Kressbach M (2011) Liftkonzerne schröpfen Mieter und Eigentümer. http://www.srf.ch/sendungen/kassensturz-espresso/themen/wohnen/liftkonzerne-schroepfen-mieter-und-eigentuemer. Zugegriffen: 20. Apr. 2016

Österle H (1995) Business Engineering. Prozess- und Systementwicklung. Springer, Heidelberg

Pivotal (2016) Pivotal announces planned strategic investment from GE. http://pivotal.io/corporate/press-release/pivotal-announces-planned-strategic-investment-from-ge. Zugegriffen: 02. Febr. 2016

Plattner H, Meinel C, Weinberg U (2009) Design Thinking. Innovation lernen, Ideenwelten öffnen. Finanzbuch Verlag, München

Porter M, Heppelmann J (2014) Wie smarte Produkte den Wettbewerb verändern. Harvard Bus Manag 12(2014):34–60

Porter M, Heppelmann J (2015) Wie smarte Produkte Unternehmen verändern. Harvard Bus Manag 12(2015):52–73

PwC (2013) Digitale Transformation – der größte Wandel seit der industriellen Revolution. PwC, Frankfurt

Rusnjak A (2014) Entrepreneurial Business Modeling – Definitionen – Vorgehensmodell – Framework – Werkzeuge – Perspektiven. Springer, Wiesbaden

Schallmo D (2013) Geschäftsmodelle erfolgreich entwickeln und implementieren. Springer, Wiesbaden

Schallmo D (2014) Vorgehensmodell der Geschäftsmodell-Innovation – bestehende Ansätze, Phasen, Aktivitäten und Ergebnisse. In: Schallmo D (Hrsg) Kompendium Geschäftsmodell-Innovation – Grundlagen, aktuelle Ansätze und Fallbeispiele zur erfolgreichen Geschäftsmodell-Innovation. Springer, Wiesbaden, S 51–74

Schallmo D (2015a) Bestehende Ansätze zu Business Model Innovationen. Springer, Wiesbaden

Schallmo D (2015b) Die D N A von Unternehmen als Erfolgsfaktor – Geschäftsmodelle verstehen, innovieren, implementieren. In: Keuper F, Schomann M (Hrsg) Entrepreneurship heute. Logos, Berlin, S 117–149

Schallmo D (2019) Geschäftsmodelle erfolgreich entwickeln und implementieren, 2., überarbeitete und erweiterte Auflage, Springer, Wiesbaden.

Schallmo D, Brecht L (2014) Prozessinnovation erfolgreich gestalten. Springer, Wiesbaden

Schallmo D, Williams C, Lohse J (2018) Clarifying digital strategy – Detailed literature review of existing approaches. Proceedings of the XXIX ISPIM Innovation Conference – Innovation, The Name of the Game, Sweden, Stockholm, 17–20 June 2018

Starringer (2016) Sensorshirt. http://www.starringer.com/wearable-solutions/medizintechnik/. Zugegriffen: 20. Apr. 2016

Stickdorn M, Schneider J (2014) This is service design thinking. BIS publishers, Amsterdam

ThyssenKrupp (2016a) Homepage von ThyssenKrupp Elevator. http://www.thyssenkrupp-elevator.com/Unternehmen.3.0.html. Zugegriffen: 20. Apr. 2016

ThyssenKrupp (2016b) ThyssenKrupp liefert Mobilitätslösungen für weltweite Wahrzeichen. http://www.thyssenkrupp-elevator.com/Eintrag-anzeigen.104.0.html?&cHash=4b80049d-f1e8243dcd8a7e31a8ec5c92&tx_ttnews%5Btt_news%5D=564. Zugegriffen: 20. Apr. 2016

ThyssenKrupp (2016c) Funktionsweise von MAX. https://max.thyssenkrupp-elevator.com/assets/images/layout/infographic.jpg. Zugegriffen: 20. Apr. 2016

Wetzel D (2016) Deutschlands Fahrstühle werden zum Risiko. http://www.welt.de/wirtschaft/article128523956/Deutschlands-Fahrstuehle-werden-zum-Risiko.html. Zugegriffen: 20. Apr. 2016

Wirtz B, Thomas M-J (2014) Design und Entwicklung der Business Model-Innovation. In: Schallmo D (Hrsg) Kompendium Geschäftsmodell-Innovation – Grundlagen, aktuelle Ansätze und Fallbeispiele zur erfolgreichen Geschäftsmodell-Innovation. Springer, Wiesbaden, S. 31–49

Printed in the United States
By Bookmasters